EL CANTARE

エル・カンターレ
人生の疑問・悩みに答える
病気・健康問題へのヒント

RYUHO OKAWA
大川隆法

まえがき

本巻も初期の講演会やセミナーに附随《ふずい》する質疑応答集である。

数千人から万単位の講演会を一時間程度やったあと、会場からの任意の質問に即答したものである。旗《はた》や、横断幕《おうだんまく》、とにかく目立つものを振りかざす人が多く、ついついあててしまうと、質問内容は全く予想外のものが多かったりした。

本書では、病気や、霊障《れいしょう》、障害、介護・看護に関係するものを集めた。

一対一の個人相談ではないので、プライバシーに留意して、一般化した答えをしている。ただ病気・健康系で相談したい人は多かろう。

本書が皆さんの個人的問題や、ご家族、ご友人たちへのアドヴァイスに使えることを願ってやまない。

二〇二一年　二月二十五日

幸福《こうふく》の科学《かがく》グループ創始者兼総裁《そうししゃけんそうさい》　大川隆法《おおかわりゅうほう》

エル・カンターレ 人生の疑問・悩みに答える　病気・健康問題へのヒント　目次

第1章　人はなぜ病気になるのか

第2章　人体のスピリチュアルな秘密

第3章　心の病から立ち直るヒント

第4章 障害を持って生きることの霊的意味

第5章　人生の問題集としての介護《かいご》と看護

第1章

人はなぜ病気になるのか

1　心と病気の関係について

Q1

幸福の科学の書籍《しょせき》によると、病気の原因の七十パーセント程度が、霊的《れいてき》な作用（霊障《れいしょう》）や心の持ち方にあるということです。すると、残りの三十パーセントはこの世的な原因になると思いますが、その場合、食品添加物《てんかぶつ》や農薬など、人体に有害なものが体内に蓄積《ちくせき》されて、ガンなどを誘発《ゆうはつ》しているのではないかと思われます。体に悪いものと分かっていても食べなければならない現状に対して、どのように考えたらよいでしょうか。

一九九〇年 第六回大講演会「信念の力」

一九九〇年六月二十四日　北海道・真駒内《まこまない》屋内競技場にて

現代医学は、「心」についてはまだ十分に分かっていない

はい、分かりました。

私の著書には、「病気の原因の七割ないし八割ぐらいは、魂《たましい》の問題、心の問題である」ということが書いてありますが、これは事実で、臨床的《りんしょう》にといいますか、ある程度の数を当たってみてもそうなりますし、もしかしたら、もっとパーセンテージは高いのではないかと思います。

原因段階においてそうした霊作用がなくても、病気になったあとにそうなる人も多いのです。心のほうが悪くなっていくことで、さらに増幅《ぞうふく》されることはいくらでもあります。

そういうことは現実にありますが、「それ以外のものも、おそらくあるでしょう」ということは、私のほうも認めているわけです。

例えば、いろいろな外傷《がいしょう》もあります。これも霊作用と言われたらそれまででしょうけれども、実際上、怪我《けが》をしたり、切り傷を負ったりすることもありますし、事故に遭《あ》うこともあります。

また、食べているものによっていろいろと害を受けるということも、実際にあります。ただ、そういうこともあるかもしれませんが、今、化学や医学のほうで研究が進んでいますから、それをもうしばらく待ちたいという気持ちが一つにはあります。

というのも、医学の系統が、今、非常に強くなっていますけれども、彼らも、仏の七色光線（注）のなかの白色光線なのです。それと銀色光線が少し入っています。銀色光線と白色光線が、今、共同で医学の方面をやっているのです。

私たちの活動とは別に、何十年もずっとやっています。これはいろいろなかたちでやっていて、例えば、医者等にはそうした系統の天使たちも出ています。それから、薬を開発したりする人のなかにも出てきています。

そして、彼らは彼らなりに、今、日進月歩《にっしんげっぽ》で進んでいます。もともとは病気を治すというのは宗教家の〝専売《せんばい》特許〟であったけれども、現代では病院で治るほうがはるかに数は多いです。これが白色光線、銀色光線たちの力なのです。それでかなり治ってきていて、もともとはお寺などの〝商売〟だったところをだいぶ引き受けているわけです。

それで残ってきたところが何であるかというと、「心の教え」のところが足りないわけです。病院ではここは十分にやってくれません。精神医療《いりょう》等もいろいろとありますが、十分ではないのです。

私たちの真理のレベルから見ると、そうした心理療法というか、心を治療するレベルというのは非常に低い段階です。それは、精神医学を教えている先生がたが、まだ十分に「心」のことを分かっていないからです。

「中道《ちゅうどう》」を根本《こんぽん》とした生活をしないかぎり、健康は守れない

「具体的にどういうものが有害で、どういうものがよく効くか」というようなことは、そうした西洋医学系統と、あとは東洋では、インドと中国の仙人《せんにん》系統の人が熱心に研究しています。これもかなり効くことは事実で、こちらのほうの医学者もいます。主として、彼らがそういうことをやっているのです。ですから、細《こま》かいところは、彼らに任せてもいいかと私は思っています。

ただ、大本《おおもと》は、「どのようなものであっても、中道《ちゅうどう》を根本《こんぽん》とした生活をしないかぎり、人間の健康というものは守れない」ということです。

どのようなものでも、たとえ人間にとって有益なものであっても、体のバランスを崩《くず》したらそれまでであるのはご存じのとおりです。栄養のあるものでもそうです。何でもそうですね。

ですから、「これには何か有毒なものがあるのではないか」などと、あまり細部にこだわることなく、まず、日々の生活の根本を「中道」というものに置いて、生きていくことが大事なのです。これは心をコントロールする意味でも非常に大事なことです。

この中道とはいったい何であるかというと、「健康的な生活に基《もと》づいた、心の使い方および体の使い方」です。何でもそうですが、例えば、「自分は体力があるから、徹夜《てつや》を何晩やっても大丈夫《だいじょうぶ》だ」などと思って、そのようなことをしていたら、だんだん体が蝕《むしば》まれていくのは当然です。

自分は酒が強いからといって、毎晩毎晩お酒を飲んでいたら、だんだん内臓が悪くなっていきます。これはお酒が悪いのではありません。人間の内臓機能にはアルコールを処理できる限度がありますから、それを超《こ》えて鯨飲《げいいん》、すなわち鯨《くじら》のように飲んでいたら悪くなります。これは、自分の心掛《こころが》けが悪くてそうなっている系統です。

それ以外に、体全般《ぜんぱん》を言えば、「運動」と、やはり「食べるもの」は大きいのです。

内臓系統の病気は、ほとんど「ストレス」から生じている

また、現代の病気を別の面から捉《とら》えますと、ほとんど「ストレス」から生じていると言ってもいいでしょう。内臓系統の病気というのは、もうストレスがほとんどなのです。

医者が突《つ》き止めたら、「この心臓はここが悪かった」「この腎臓《じんぞう》はここ」「この肝臓《かんぞう》はここ」「この腸《ちょう》はここが悪かった」と、いろいろあるでしょうけれども、一つにグーッと持っていくと、結局、ストレスのところに来るのです。

このストレスとはいったい何だろうかと考えてみると、やはり、毎日の生活が、

調和の取れた、真理に則《のっと》った生活ではなくて、多くの人が非常にこの世的な、波《は》動《どう》の悪いビジネス世界に生きているものですから、何か心労がくるのです。

例えば、「仕事で大失敗をした」「手形が落ちない」とか、「経営難に陥《おちい》った」とか、あるいは「上司にものすごく叱《しか》られるようなことが起きた」とか、こういうことが起きると、それが原因で非常に心労します。

心労するとどうなるか。この「肉体」には、まったく同じ形の「霊体《れいたい》」が入っていますが、それだけではなく、それぞれの内臓各部にもすっぽりと同じ形の霊体があるのです。心臓には心臓の霊体が、腎臓には腎臓の霊体が、胃腸には胃腸の霊体が入っているのです。

そして、これらの霊体は、いろいろと〝感じ方が違《ちが》う〟のです。特にそれぞれの「使命」というものがあって、そこのところに働いてくるのです。

神経系統の病気はよく胃腸にくるといいますけれども、それは、彼ら（胃腸）

が非常に感じやすい感覚を持っているからです。胃腸の霊体のほうが、そういうものに非常に敏感《びんかん》なのです。あるいは、心臓はもっと大きな部分でいろいろなものを感じることがあります。

そのように、彼らは何かを象徴《しょうちょう》しているわけですが、彼らに非常に大きなストレスを与《あた》えると、この内臓器官の霊体のほうが、まず傷《いた》むのです。損傷するのです。

そして、霊体に損傷が起きると、霊体は内臓等の肉体器官と密接につながっているので、しばらくすると肉体のほうに疾患《しっかん》が現れてくるのです。

ガンなどは全部これです。まず臓器の霊体のほうに何らかの問題が起きて、そのあと、肉体のほうに異変が起きてくるのです。これは一種の「憑依《ひょうい》現象」なのです。「部分的憑依」なのですが、そういうことが起きてくるのは、もとはストレスです。

ですから、「現実の三次元波動のなかで、心を調和して生きることがいかに大事か」ということです。それをやっていけばいいのです。

物質的なことの悩《なや》みで体が悪くなる場合もありますが、「体を悪くする」という意味では、それ以上にもっともっと可能性の高いものが、こちらのほうの「ストレス系統のもの」なのです。これを防ぐほうが、多くの人が健康生活をするためには非常にいいのです。

そのストレスを防ぐ方法が「愛の教え」であるし、「反省の教え」であるし、あるいは「瞑想《めいそう》」、あるいは「光明思想《こうみょう》」です。

幸福の科学にも修法《しゅうほう》がありますけれども、特に瞑想系統の修法をやっていると、内臓諸器官および神経系統がリラックスしてきますので、病気の予防に非常になりやすいのです。

特にガンの予防には最適です。ガンはほとんどストレスが原因ですから、瞑想をされることをお勧《すす》めしたいと思います。

人間は、いずれは地上を去らねばならないことになっている

それ以外にも、どうしても病気になることはあります。人間はいずれは地上を去らねばならないことになっているので、何か原因が要《い》るのです。何かないと地上を去れないものですから、最終的には老衰《ろうすい》まで行くのですが、それ以外にも何か適当な病気が起きるのです。これは「悪」と思わないでください。ある程度、「慈悲《じひ》」なのです。

「今世《こんぜ》の魂修行《しゅぎょう》が終わったら引き上げてくれる」というのは、これは慈悲なので、「できるだけ、きれいさっぱり逝《い》けるようにお願いする」ということが大事だと思います。

根本のところを間違えなければ、むしろ、あまりに神経質になりすぎることの

ほうが有害かもしれません。

（注）仏の七色光線……仏の光は七色（黄・白・赤・紫《むらさき》・青・緑・銀）に分けられており、それぞれに、法、愛、正義、秩序《ちつじょ》・従順、理性・思考、調和・自然、進歩・科学といった霊的《れいてき》な役割がある。黄金光線が七色を統合する役割を持つ。『永遠の法』『黄金の法』（共に幸福の科学出版刊）等参照。

2 霊的《れいてき》な憑依《ひょうい》現象から病気になるプロセスとは

Q2

病気と憑依《ひょうい》の関係についてお伺《うかが》いします。リウマチ等では組織の破壊《はかい》が進んで変形していきますが、関節炎《かんせつえん》や頭痛、肩《かた》こりのように組織変形のないもので痛みが起こる場合もあります。霊《れい》が肉体に憑《つ》くことによって、こうした変形や痛みが起きているならば、どのようなプロセスで起きるのでしょうか。

一九九〇年 第十三回大講演会「未来への聖戦《せいせん》」

一九九〇年十二月九日　大阪《おおさか》府・インテックス大阪にて

憑依された部位の霊体《れいたい》に病気の状態ができ、それが肉体に現れる

「霊的《れいてき》な憑依状態によって起こされる病気」というのは、統計を出したわけで

はありませんけれども、だいたい七割ぐらいではないかという感じがしています。八割と見る説もありますが、だいたいそのようなものかなと思っています。

この場合にはどうなるかというと、一時的なら大したことはないのですが、長期的にずっと憑《つ》いているかたちになってきますと、そうした憑依霊が憑くことによって、結局、憑かれている人間の霊体《れいたい》が影響《えいきょう》を受けてき始めるのです。その部分、つまり、憑依してきた部位に影響を受けてき始めます。体のなかのどこかに強度に憑依してくるのですが、そこのところの霊体がだんだんに変形を受けてくる、あるいは健全ではなくなってくるわけです。

そのように、「まず、霊体のほうが病気の状態のようなものをつくり、そのあと、肉体にその異変が起きてくる」というかたちになります。

外部的なものであれば、リウマチなど、そうしたいろいろな筋肉系統の病気になることもありますが、内部的なものになりますと、ガンその他のさまざまな病《びょう》巣《そう》になってきます。

ガンも、霊的な作用がかなり確実にあります。やはり、本人の心のなかにある「しがらみ」のなかにいろいろな霊作用が働いて、そうした異質な細胞《さいぼう》をつくり出してくるのです。細胞に変化が起きてくるのです。こういうことになっています。

ガンが発生する場合でも、たいてい強度のストレスや悩《なや》み等があります。そうしたときに、体のなかで特にいちばん弱いところにガン細胞等が発生してきますが、これも憑依であることが多いであろうと私は推定しております。

肉体の故障が先で、そのあと、憑依されることもある

また、それ以外の場合があるかということですが、やはりあります。

今は「心のほうが先で、肉体があと」の話をしましたけれども、「肉体が先で、

心があと」というのも当然あるわけです。肉体は乗り舟《ぶね》ですから、この維持《いじ》を怠《おこた》りますと、やはり故障が出るわけです。

そして、故障をしたところが一つの原因になって霊体のほうにも損傷が出てきて、そのあと、憑依が行われることもあります。「肉体が先で、そのあとに憑依が行われてくる」という現象もあるわけです。

「肉体的に、はっきりとした病気や怪我《けが》がある場合には、そこのところの霊体が傷《いた》んでいることが多く、そして憑依等がなされることが多い」というふうに考えていいのではないかと思います。

肉体と心の両面から常に点検し、「中道《ちゅうどう》に入《い》る」必要がある

すべての病気の原因をいちいち説明して、憑依かどうかを確定することは難しいわけですけれども、やはり、肉体も車と一緒《いっしょ》で〝機械〟ですから、「中道《ちゅうどう》」を

逸《いっ》したら当然悪くなります。

車もそうです。十万キロを走れる車であっても、ずっと走り続けたら簡単に参ってしまうでしょう。休み休み走っているからそこまで行くわけであって、走り続けていたら駄目《だめ》になります。また、砂漠《さばく》を走ったら話が違《ちが》うでしょうし、泥沼《どろぬま》のなかを走ったりしてもまた違うでしょう。同じようになりますから、よく〝整備〟をする必要があります。

肉体もそうです。これも粗末《そまつ》にしてはいけないのです。両親から頂いたものですし、もともとは神様から頂いたものですから、この肉体を粗末にするということ自体もまた間違っているわけです。

上手に使えば、幸福な一生を送ることができるわけですから、私たちは「肉体と心の両面」から常に点検を怠らず、「中道に入《い》る」必要があります。

また、肩こり等がどうかということですが、これは、実際に筋肉の痛みであることが多いように思います。私にも肩こりはあります。腕《うで》を振《ふ》っていると、当然ですが肩が痛くなりますし、演壇《えんだん》に二時間立っていたら足も痛くなります。「これも憑依」などと言っていたらきりがありません。それはやはり、くたびれているわけであって、治す以外に手はないのです。

ですから、あまり神経質になりすぎてもいけないと思います。

3 インフルエンザ等の流行《はや》り病《やまい》の真相

Q3

世紀末的な現象の一つとして、病気では新しいインフルエンザ等が流行《はや》るということが言われていますけれども、それはどのようにして起こってくるのか、教えていただければと思います。

法話《ほうわ》「世紀末の考え方」
一九九六年二月二十八日　東京都・幸福の科学総合本部にて

菌《きん》等が悪性化して世界的に広がるときは、「霊的《れいてき》な力」が働いている

病気はたくさん流行るでしょう。

今、医学的には、「この世的、物質的な原因」だけでやっていますけれども、私のような霊能者《れいのうしゃ》になりますと、はっきりと「霊的な要因」を感じるのです。風邪《かぜ》でもそうですが、「霊的な要因」があります。皮膚病《ひふびょう》やその他でも、それに罹《かか》っていると、サラサラサラサラと〝小さな小さな霊体《れいたい》〟が動いているのを感じるのです。

そういうことがあるので、例えば、エイズの人等も、直接に接したことはないのでよくは分かりませんが、接近すれば、おそらく「霊的なもの」が何かあると思います。

それから、インフルエンザ等ということですが、インフルエンザを抑《おさ》えても、結局はほかの病気で出てきます。菌《きん》やウィルス等は全世界にいっぱいあるので、「何が悪性化するか」なのです。

そして、ペストでもコレラでも何でもそうなのですけれども、悪性化するには「霊的な力」が働くのです。それが働いてくるとバーッと広がるのです。その伝《でん》染《せん》能力のところには、「霊的な力」が働いています。悪《あ》しき霊的なエネルギーが溜《た》まってくると、ザーッと広がるのです。

これは、どういうかたちで出てくるかは分かりませんが、今後いくらでも出てくると思いますので、物質的対応だけでは不可能かと思っています。

基本的には、やはり「愛と調和の世界観」を広めることです。そうすると弱っていくと思いますが、世紀末的世相のなかでは、まだまだ流行ると思います。

特に地震《じしん》や津波《つなみ》など、いろいろなことが起きたあとは病気が流行りやすいのです。それから、食料不足や栄養失調などの食料等の問題が起きたときも、病気は起きてくるでしょう。

ただ、根本的には、原因は病気自体の問題ではありません。世界的に広がるような病気の場合には、必ず「マクロ的な原因」が大きく働いていると考えていいと思います。

4　視力を回復する方法はあるか

Q4

視力について、「白隠禅師《はくいんぜんじ》の霊言」（『大川隆法霊言《れいげん》全集　第22巻』〈宗教法人幸福の科学刊〉所収）では、「社交性のない人が、目が悪くなる」と言われています。ただ、私はとても目が悪いのですが、そんなに社交性が悪いとも思っていません。

また、これからも本がたくさん出ると思うのですが、本の読みすぎで目が悪くなる人もいるかもしれないと思います。そこで、「霊的な観点から見た視力」ということと、「霊的な観点から、どうすれば視力を回復することができるか」ということについてお教えいただければ幸いです。

一九八九年　第四回講演会「究極の自己実現」
一九八九年七月八日　埼玉《さいたま》県・ソニックシティにて

一般《いっぱん》的に「視力」と「社交性」には多少関係がある

はい、分かりました。

それは〝究極の自己実現〟かもしれませんね。やはり、各人にとっての悩《なや》みが「自己実現」のところに関係しますから。

視力についてですが、個人差があるのはもちろんだと思いますけれども、「目の悪い人は社交性がない」というのは、一般《いっぱん》的に見たら多少関係があるかもしれません。

目が悪くなっている人というのは、「近目《ちかめ》」といいますけれども、どうしても近いところばかりが見えるわけです。遠くに目が行かない。要するに、本ばかり読んでいるから、〝うつむくのが専門〟ですね。

そうすると、「他の人を観察する」という余裕《よゆう》のない人が多いのは事実かもしれません。他人《たにん》をじっと見て観察する人というのは少ないかもしれず、それは目と関係があるかもしれません。心が先か、目が先か、どちらが先かは分からないけれども、そういう傾向《けいこう》性は出ているかもしれませんね。

「目も鍛《きた》えれば鍛えるほど強くなる」と思っていると、回復してくる

それで、「目をよくする方法」ですが、私も本はものすごく読むのですけれども、まったく悪くならないのです。ですから、本を読むことで目が悪くなるというのは心外なのです。

なぜ悪くならないか、自分で考えてみたのですが、私は「目が悪くなったら、仕事に差し支《つか》えるから困る」と思っているのです。昔からそうです。「本が読める」ということは、自分にとっては非常に大事なことなのです。読めなくなったら勉強ができないですし、こうした活動もそうとうブレーキがかかりますから困

るわけです。

ですから、私は「本を読めば読むほど、目がよくなるのだ」と、いつも思うことにしているのです。「目は必ず強くなる」と思うことにしています。「今日は三冊も読んだから、かなり目が強くなった」と思うようにしています。「六冊読んだら、そうとう強烈《きょうれつ》な強い目になった」と思って読むことにしているのです。

そうすると、目も頑張《がんば》り始めるんですね。次第《しだい》しだいに期待に応《こた》えて、「これは頑張らなければいけないな」というふうになってきます。

私も過去、目が悪くなりかけたことが何回かありました。駅のホームに立って、看板の字が見えなくなったことがあるのです。

しかし、「一週間以内に治す」と決めたら、本当に治るのです。

ただ、そのときだけは、多少、本を読むのをやめたほうがいいと思います。治したいときには一週間ぐらい〝本断《だ》ち〟〝活字断ち〟をして、「治す」ともう決めてしまうのです。「目は見えないと困るから、見えなければならない」と決めるのです。そして、ずっと思っていると見えてきます。元どおりに戻《もど》るのです。

ここも、やはり筋肉です。目の後ろの毛様体筋《もうようたいきん》から始まって、筋肉がいっぱいありますから、これは、ある程度「思いの力」によって変わってくるのです。

ですから、私はまず「眼鏡《めがね》をかけない」ということを決めています。かけていいのなら目は悪くなるのですが、「かけたくないから、かけない」と決めていると、目のほうが頑張らないとしかたがないようになってしまったのです。

「悪くなったら、かけたらいい」と思うと、それで終わりですけれども、かけないことに決めているので悪くなれないのです。そうすると、頑張って回復しようと努力します。

体の各部分も全部そうです。〝命令〟して、そういうふうに使っていると強くなってきます。ですから、「目も鍛《きた》えれば鍛えるほど強くなる」と、まず思ってください。筋肉と一緒《いっしょ》です。「鍛えれば鍛えるほど強くなる」、そう思って読んでください。

「読めば悪くなるのではないか」と思って読んでいると、本当に悪くなってきます。ですから、「強くなる」と思ってください。

体の器官はどこでも強くなるでしょう。喉《のど》だって強くなるし、耳だってどこだって、使えば強くなります。目だって一緒のはずです。絶対に強くなるはずです。そう思って、やってください。絶対に強くなります。

暗示をかけますからね。

「絶対、あなたの目はよくなる。よくなる――」

それで努力してください。

5　医学と「心の教え」の関係をどう捉《とら》えるべきか

Q5

仏法真理《ぶっぽうしんり》を勉強している者が医者にかかったときに、医学に疑問が出てきた場合、どのような心を持つべきでしょうか。

中部特別セミナー「平静心」
一九八九年十一月二十五日　愛知県・一宮《いちのみや》市民会館にて

医者の仕事も「菩薩行《ぼさつぎょう》」である

根本《こんぽん》認識からいきたいと思うのですが、当会の考え方を読んでいただきますと、「光線」という説明の仕方をしていまして、「私たちの心の領域を司《つかさど》っている、七色光線というものがある」と言っています。

例えば、「赤」という色で表現される光線は、正義、善悪を分けていく力、こういう念《おも》いの力、エネルギーです。これが赤であると言われています。

また、「青」という色は、どちらかというと知性的な光線であり、哲学者《てつがくしゃ》たちがその原動力を得ているところのエネルギーです。そういう心の方向性であると教わっていると思います。

「緑」は、芸術とか絵画《かいが》とか、こうした、人間の心を解放していく方向性であるというふうな話をしました。今日の「平静心《へいせいしん》」という講演（『人生の王道を語る』『大川隆法　初期重要講演集　ベストセレクション③』所収〔共に幸福の科学出版刊〕）も「緑」の講演です。

「白」という光線もあります。これは愛の光線であり、キリスト教系統のものの考え方、思考のあり方です。こういう考えがあります。

これ以外に「銀色」があります。科学の光線です。これは、近代化をしていったニュートンとか、そうした流れにある科学者たちが活動していた念いの世界です。こういう銀の世界があります。

紫色《むらさきいろ》の光線は、主として礼節や秩序《ちつじょ》を司っています。

黄色い光線、黄金色の光線は中心光線であり、これは真理の体系、法そのものの色です。

そうした七色光線の理論からいくと、現代の西洋医学はどこに当たるかといえば、「白」と「銀」のところが実は重なっているのです。

「白と銀の光線」がこの西洋医学のところに出てきているわけで、これは決して否定されるべきものではないのです。それも正しい教えの一つの表れ方であるし、医者の仕事も「菩薩行《ぼさつぎょう》」であることは事実であるのです。

私たちは、例えば、個別個別の人の心の状態から、その原因論から幸・不幸を説き、また、「病気等の現象もありうる」という話をしていますが、医者というのは、そういうことだけではなくて、「もっと多くの人々を、短時間でスピーディーに正確に治療《ちりょう》していきたい」ということで研究してきた人たちのグループです。これはこれで素晴《すば》らしい集団であるのです。

ある意味では、白衣を着ている人たちが〝現代のお坊《ぼう》さんや尼《あま》さん〟かもしれません。そういうところもあるわけで、決して、私たちは否定していないのです。

ですから、肉体にいろいろなまずい現象や事故が起きたときに、もちろん、心の方面からこれを治療していくことも当然のことですけれども、医学で治るものは医学で治していかれたらいいと思うのです。それはそれで結構なのです。

あまり、「これしかない」というふうなものの考え方はしないでいいと思うのです。薬で治すものは治してもいいし、手術で治すものは治してもいいのです。

「色心不二《しきしんふに》」であるため、体と心の両面から治療《ちりょう》すること

ただ、体にそういう異変が出るときは、たいてい心のほうにも何か間違《まちが》いがありますから、それについては自分で修正をかけていく必要があります。その方向性のほうが、病気も早く治っていきます。

「肉体」に異変があるときには、肉体にすっぽり入っている「霊体《れいたい》」にも必ず異変が起きています。まったく同じ部位で、その異変が起きているのです。

肉体の心臓が傷《いた》んでいる方、心臓病の方だと、肉体に宿っている魂《たましい》の心臓の部位が必ず傷んでいるので、両方一緒《いっしょ》なのです。「色心不二《しきしんふに》」というように両方一緒なので、この両面から、やはり治療《ちりょう》する必要があるのです。

外科《げか》的にはもちろん医者にかかっていいわけですが、心の面で問題がないかどうか、やはり反省していただきたいのです。それが病気を早く治していく早道、

近道だと思うのです。

ですから、「両面から行けばいい」ということです。

医者に行くから、あるいは病院に行くからといって、「恥《は》ずかしい」という気持ちを持つ必要はありません。当会は病院に行くことを止めるような宗教ではないのです。「彼ら（医者）も正しい光線のなかにある」ということを認めていますから、どうか気にしないでください。

ただ、ウエイト自体は、やはり「心の問題」のほうに置いています。「心の問題にウエイトを置いているため、そちらの側面から見ている」ということです。

病気を治す方法を教えるのであれば、やはり、医学部に入って医者になられたほうがいいでしょう。「心の病気のほうを治したい」というのが私たちの主眼で、「結局は、こちらがウエイトとしては大きいだろう」というふうに思っているわけなのです。

そういうことですので、自分をあまり縛《しば》らないでください。何か、ものの考え方で縛って、動けないようにはしないでくださいね。

そういうふうにすると、鬼門《きもん》だとか、方角だとかいうのと同じような考え方にだんだんなっていくので、もう少し楽に考えられたらいいと思います。

第2章

人体のスピリチュアルな秘密

1　肉食と菜食が心に与《あた》える影響《えいきょう》について

Q1

私は東洋医学に関心があります。「肉食」と「菜食」が心に与《あた》える影響《えいきょう》について、お教えいただければと思います。

一九九〇年 第七回大講演会「勝利の宣言」
一九九〇年七月八日　岩手県・盛岡《もりおか》市アイスアリーナにて

摂取《せっしゅ》している食物によって影響を受けるのは事実

はい、分かりました。

「肉食」「菜食」というと極端《きょくたん》なものもありましょうけれども、大きく分けると、「西洋」と「東洋」の違《ちが》いがそのへんにあるように思えるのです。

西洋の基礎《きそ》にあるのは狩猟《しゅりょう》民族的な部分であり、肉食が基礎になっています。東洋のほうは、どちらかというと米作《べいさく》です。お米を主食とした、野菜中心の生活をしてきたことがあって、このあたりに気質的に違いがあるのではないかということが推定されるのです。

実際、西洋人のほうを見ますと、非常に短気で怒《おこ》りっぽく、血がカーッと上《のぼ》っていくところがあります。そして、「正邪《せいじゃ》」「正しい、間違い」ということに対する反応がものすごく激しいのです。「正しいか間違いか」ということの結論を出さないと気が済まないというほど、ものすごくはっきりしています。

東洋人の場合には、それほどはっきりしないで、「ある程度、緩《ゆる》やかにくるんでいく」という部分があります。

これは、「動物」と「植物」という、「魂《たましい》の違い」に似た部分を感じるわけです。

実際、摂取《せっしゅ》している食物によって影響を与えられるということは事実なのです。

動物系統のものを摂《と》りますと、やはり動物の魂の影響は受けるのです。植物系統を多く摂りますと、植物もやはり同じように魂はあるので、その影響を受けます。植物の影響というのは、今言ったように、気長にゆっくりと、調和しながら伸《の》びていくところに本質があります。

動物の場合には、「個」というものが非常にはっきりしています。個、すなわち、個性、個体としての意識が非常にはっきりしていて、「自と他を分ける気持ち」が少し強いのですが、その代わり、積極的な行動を取れることがあるのです。こうした現状があります。

動物も植物も魂《たましい》はあるが、必要な範囲《はんい》内での摂取は許されている

霊的《れいてき》にこれを判断すると、どのようになっているかということですけれども、現時点で言わせていただければ、もともとは動物にも魂《たましい》がありますし、植物に

も魂がありますので、肉食、菜食共に、殺生《せっしょう》を禁ずるという意味では、どちらも食べてはいけないことになるわけです。しかし、そうすると人間を殺生することになるので、それもできないというふうになるわけです。

魂としては、動物のなかにも、明らかに神が予定されて、「人間の食用に供《きょう》してよい」とされている動物もありますから、人間は肉食をすることも前提とされているのです。

それは人間の歯を見てもそのとおりで、肉食用の歯になっているはずですね。ちゃんと犬歯《けんし》というものがあります。これは肉食を予定しています。これが許されている範囲《はんい》だと見ていいでしょう。

また、植物のほうでも、同じく魂はきっちりしていまして、小さい人間の妖精《ようせい》のような姿を取った魂があります。ですから、やはり彼らも食べられるとき、すなわち切り取られて動かされるときに、魂の痛みはあります。動物が死ぬときに痛いのと同じような痛みがあります。

しかし、彼らも転生輪廻《てんしょうりんね》を繰《く》り返して、魂の修行《しゅぎょう》をしています。そうしたなかで、もちろん無駄《むだ》な殺生をしてはいけないけれども、栄養として必要な範囲内で人間が摂取することは許されているのです。

こういう意味での「中道《ちゅうどう》」が一つあるわけです。

肉食か菜食か、どちらかに制限する気持ちはない

あとは、動物と植物のどちらを摂るかということですけれども、これは、そのときどきの仕事に応じて摂り分けてもいいだろうと、私は思います。あえて「こちらでなければいけない」というふうには思いません。

ただ、動物性の食べ物を多く摂るとどういうふうになるかというと、やはりエネルギーはものすごく出てきますので、人とのぶつかりは増えるかもしれません。

ですから、現実的な、三次元的な仕事をバリバリやっていく人にとっては、肉食は非常に大事なことであろうと思いますけれども、「心の調律《ちょうりつ》」を中心にしている人であるならば、菜食のほうにやや傾《かたむ》かれたほうがいいかもしれませんね。しかし、あまり限定するつもりは、私にはありません。

性格の違いには多少そうしたものも出るけれども、もう一つには、魂自体のなかに傾向性《けいこうせい》があり、戦闘《せんとう》的、あるいは攻撃《こうげき》的、行動的な魂でありますと、肉食を好むようになってきますし、もう少し平和な、調和を要求する魂であると、次第《しだい》に菜食のほうを好むようになってきますので、「食物が先か、魂が先か」という難しい議論が別にあります。

なお、幸福の科学の会員のみなさんに関して言いますと、特に食物について制限する気持ちは、私はありません。あくまでも、ご自分が現時点において力を出せるやり方でやられたらよいのではないかと思います。

ただ、現代病はいろいろとあり、あまりに高カロリーの食事をして病気になるのは、自分で身の破滅《はめつ》を招いているだけですから、これは医者等の意見に従ってやられたらよいかと思います。

2　添加物《てんかぶつ》や農薬を使った食品について

Q2

妻から、ぜひとも訊《き》いてきてほしいと言われましたので質問いたします。

今、食や環境《かんきょう》の汚染《おせん》があり、添加物《てんかぶつ》だらけのスナック菓子《がし》や缶《かん》ジュース、薬浸《くすりづ》けの養殖魚《ようしょくぎょ》・野菜・果物・小麦・米、発ガン性物質が含《ふく》まれるともいわれるプラスチック食器、これらが保育所や幼稚園《ようちえん》、学校給食にも使われています。

これらの現状について、どのように考えればよいでしょうか。

一九九〇年 第四回大講演会「人生の再建」

一九九〇年五月二十日　広島県・広島サンプラザにて

人間は〝ちっぽけな物質〟などに負けるようなものではない

これは、一般論《いっぱんろん》というよりも奥様《おくさま》への答えになるのではないかと思います。

少し心が、「外側」といいますか「周りのもの」のほうに重点が行きすぎているのではないかという感じがするのです。「外のものの原因によって、何か不幸が起きるのではないか」という発想のほうに、少しウエイトがかかりすぎているのではないでしょうか。

それを突《つ》き詰《つ》めていくと、例えば呼吸もできなくなるのです。黴菌《ばいきん》がいっぱいいますから、呼吸もできないし、机も触《さわ》れません。もう至るところ危なくなって何もできなくなるのですけれども、これは「心の持ちよう」で、あまりそういうほうに深く入っていくと、どうしても何もかもが気になって、完全主義になって、そして、悪いものに取り巻かれているような気になります。

それが、事実、人体に悪いこともあるけれども、それよりも、「そういう心を持つこと」のほうがもっと害悪が大きいのです。

公害は多いし汚染物質もあるけれども、平均的に見れば、寿命《じゅみょう》も延びていますし、医療《いりょう》の進歩によって助かる人は増えているのです。それは、寿命ではっきりと分かります。延びていますから、よくはなっているのです。

大事なのは、そういう心の持ち方によって、小さな子供へ、親の〝変な思い〟というものを植えつけないようにすることです。

人間は、思っている以上にけっこう丈夫《じょうぶ》なものなのです。本当は〝ちっぽけな物質〟なんかに負けるようなものではないのです。本当にそうなのです。非常に強いものなのです。非常に強いのです。

それと、肉体そのものについても、「私たちは、いろいろな栄養を摂《と》らなければ生きていけない」とか、「栄養のバランスだ」とか、何だかんだと言っていますけれども、動物たちを見れば、栄養のバランスなど全然取れていません。草だけ食べても、肉だけ食べても、魚だけ食べても生きていけるのです。紙だけ食べても生きていくものもいますけれども、それで生きていけるのです。

それでも、新しいビタミンやいろいろなものを体のなかでつくるだけの力が、実は生理作用のなかに本当はあるのです。これがそうとう弱っているのが人間であるのです。実際は、思いのほか強いものなのです。

その自然の「治癒《ちゆ》能力」あるいは「克服《こくふく》能力」というものを強く出して、生かす方向に生きていくほうがいいのです。

ですから、小さなお子さんを持っているお母さんは、まず、「うちの子は、そんな少々の汚染物質や黴菌や、そんなものに負けるような子ではないんだ」と強く思っていただきたいのです。そして、「神様の子なのだから、この子は必ず丈夫な子になって、世の中の役に立つ子になるんだ」という思いを持っていただきたいのです。そうすると、本当に強くなってくるのです。力強い子になって育っていきます。

ところが、「この子は何かあると、すぐ病気をしたり、死んでしまったりするのではないか」という扱《あつか》いをしていると、ひ弱な子になってしまいます。本当は、その「物質」が原因ではなくて、「心」が原因でひ弱な子になってしまうのです。これは何とかして避《さ》けなければなりません。

ですから、もっともっと強い「光明《こうみょう》的な思想」を持っていただきたいのです。普通《ふつう》の人が食べている、普通の赤ちゃんが食べているものを食べていて大丈夫です。心配ありません。

3　感情的になりやすい女性へのアドバイス

Q3

私は女性として生まれて、すごく感情的になったりするのですが、そういうときに「男性に生まれたかったな」と思ったりもします。そうした、女性の感情の本質的なところをお教えください。

第二回主婦セミナー
一九八九年五月十七日　東京都・幸福の科学研修ホール（西荻窪《にしおぎくぼ》）にて

「女性特有の性格」をつくっているものとは

一般《いっぱん》的に、「女性がなぜ感情的になるのか」ということですね。

女性が感情的になる理由としては、やはり生理的な問題があります。月に一回、女性には女性特有の生理現象がありますけれども、やはりあれが根源だと思います。その一週間ぐらいはどうしても不安定になります。そして、ナーバスになります。他の人に対して、ものすごく神経質になります。このへんが、女性が一般的に、感情的になっていく原因です。

考えてみれば、幼稚園《ようちえん》・小学校のころだとほとんど男女区別がないでしょう。男の子も女の子も全然変わらないですね。しつけで変わることはあっても、一緒《いっしょ》に走り回っています。それが、思春期といわれるころから変わってくるわけです。女性が感情的になってくるのは、やはり根底には、その生理の問題がどうしてもあります。

ただ、これは、「そういうふうになるのは不合理だ」という考えもあるかもしれないけれども、実は、女性のよいほうを見れば、「感性が細《こま》やかな部分」がそこから出てきているのも事実なのです。「内省的、内向的、また感性的な部分」

はここから来ていて、その意味において、男性よりはるかに「感受性が強い」のです。そういう「女性特有の性格」をつくっている部分もあります。

これが一般原則です。

きつい言葉が出そうになったら、三秒ぐらい置いてから出す

それと同じ問題でいくと、ヒステリー気味の女性というのは、月一度の生理が非常に不順であったり、あるいは極度に恐《おそ》れを招くようなものであることが多いように思います。そういう人は、やはり感情が不安定です。感情が不安定でヒステリックになります。

ですから、このときには自分なりに、「自分は肉体のなかに入っている魂《たましい》なのだから、肉体の影響《えいきょう》を受ける」ということを知らなくてはいけません。不安定な時期が近づいたら、やはり自分に言い聞かせることですね。「気をつけないとい

けないな。ぼちぼち今日あたりから、ちょっと感情に気をつけなくてはいけないな。言葉に気をつけなくてはいけない」ということを、自分に言い聞かせることです。

そして、きつい言葉が出そうになったときには、三秒ぐらい置いてから出してみることです。三秒ぐらい置く間に、それがずっと柔《やわ》らかくなったり、言わないで済むこともあります。

パッと出そうになったら、ちょっと止めることです。「一、二、三」ぐらい止めて、それでも言いたかったら言ってもいいですが、ちょっとトーンは落ちていると思いますし、言わないで済むこともあります。

ですから、ガッときたら、「一、二、三」と数えて言うことです。

特に、そのへんに、やはり気をつけてください。わりに支配されるのです。

「自分が生理現象に左右されていないか」をよく考えること

それと、もう一つは、胃腸系統が弱い女性、内臓器官系統が弱い女性の場合は、「食べ物」の影響がずいぶんあります。こういう場でたいへん言葉には出しにくいのですけれども、女性というのはたいていの場合、慢性《まんせい》的に便秘です。言いにくいのですけれども、そういうところがあります。

それは、やはり生理と関係があるでしょう。やはりあると思います。慢性的にそういうふうになっています。だから、いつも不快感があるのです。気分がスッキリしないのです。

これも体のつくりで〝ちょっと失敗した部分〟の一つなのだろうと思います。別に私がつくったわけではないのですけれども、〝ちょっと設計ミスがあった〟と推定されるのです。しかし、それは神様の責任を責めてもしかたがありません。

その場合、はっきり言えば、「毎日スッキリしないからイライラすることがある」ということです。こういうことはあるでしょう。

その場合にどうしたらいいかですが、自分の食生活をよく考えることです。そして、あまりに重いものを食べたときや大食いをしたときは、その日の夜および翌日は、人と会う場合に気をつける。大食いをした場合には気をつけることです。

こういうことはあるのです。必ず影響が出ます。意外に、そのことに気がつくだけでずいぶん優《やさ》しくできるのですが、気がつかないで、自分の感情がなぜこんなにブレるのかが発見できないと翻弄《ほんろう》されます。

「なぜ、そんなに感情がカーッとくるのかな」ということを考えてみたら、前の晩に中華《ちゅうか》料理を食べすぎていたとか、そして朝、残念ながら〝駄目《だめ》だった〟というようなときに怒《いか》りが出たりします。

意外にそういう生理現象に支配されますから、そのときには、「もしかして、こういう原因ではないだろうか」ということを考えることが大事です。そのときに〝クッション〟ができますから、柔らかくなります。

やはり、自分も肉体に宿った一つの存在なのですから、どうか、そういう女性特有の生理というものに対して客観的な見方をして、そのときには用心をすることです。

特に、男性は、女性がなぜ突如《とつじょ》そうなるのかが分かりません。「前の日にあんなにごちそうしてやったのに、なぜ怒り狂《くる》うのか」というように分からないのです。本当にそうです。ご主人に、帰ったら訊《き》いてみてください。

「たまにごちそうに連れていってやったのに、妻が急に悪口を言い始めた。何でか分からない」というわけで怒り狂っていて、「うちのやつは、もう絶対に連れていってやらない」などと思っています。

実際は、こちらの原因だったりすることはあります。ですから、そのへんは、

「自分が、そういうふうなものに左右されていないか」をよく考えることです。
それからあと、「心の問題」というものが始まっていきます。

4　出産に陣痛《じんつう》の苦しみが伴《ともな》う理由

Q4　私は助産師をしています。女性には「子供を産む」という一つの大きな機能があるのですが、陣痛《じんつう》という非常な苦しみを味わいます。その霊的《れいてき》な意味と、それを軽減していくために助産師としてどのようなことを考慮《こうりょ》していけばよいかを教えていただければと思います。

一九八九年 第三回講演会「多次元宇宙の秘密」
一九八九年五月二十八日　兵庫県・神戸《こうべ》ポートアイランドホールにて

〝多少、設計上のミスがあった〟ということは否《いな》めない

はい、分かりました。

陣痛の意味については、幾《いく》つか解釈《かいしゃく》は分かれるのです。

一つの考え方は、残念ではあるけれども、これは〝多少、設計上のミスがあった〟ということは否《いな》めないのです。これは事実として認めざるをえないんですね。〝設計上、ミスがある〟のです。陣痛というものが、ああいう苦しみになるように設計されているのです。

この前も話した記憶《きおく》があるのですけれども（『大川隆法霊言《れいげん》全集 第50巻 ニュートンの霊言』〔宗教法人幸福の科学刊〕参照）、〝人体をつくり直す〟場合には、「お腹《なか》のほうで、おへそが大きくなって生まれるようなかたち」にすれば、あんな陣痛にはならないのです。ちょっと設計上、問題があります。これは否めないでしょう。

たまたま、現在そういう肉体舟《ぶね》で修行《しゅぎょう》しているのです。違《ちが》う設計の肉体舟で生きているときには、違う生き方、子供の産み方はあるのです。それが一つです。

これはしかたがありません。

「子供を産む」ことによって、女性の魂《たましい》は霊的《れいてき》に変化する

それと、二番目の考え方ですけれども、この陣痛には、「一つの洗礼《せんれい》である」という霊的な意味合いがあるのです。それは、「魂《たましい》というのは、強烈《きょうれつ》な経験を経《へ》ることによって霊的な刻印《こくいん》がなされる」ということです。

「子供を産む」ということによって、女性の魂は明らかに変化するのです。「子供を産んだことのない女性の魂」と「子供を産んだあとの女性の魂」とでは、霊的に変化があります。明らかにあります。

それは、同じ一つの魂でありながら、霊的に見れば、ある意味では違ったものに変化する姿なのです。サナギからチョウに変化するように、女性は子供を産むことによって「母親」になります。この母親になるという瞬間《しゅんかん》は、「霊的な切り

替《か》え」なのです。明らかに、ここの時点で霊的に切り替わるのです。

すなわち、「その洗礼の役割として、魂に刻印をする」、そういう意味での陣痛があるということ。これが陣痛を容認する霊人《れいじん》たちの考え方の一つです。「それゆえに、陣痛も伴《ともな》うものであるがゆえに、子供というのはそう数多くは産めない。数多く産めないがゆえに神聖である」、そういう見方をしてきた人たちが多くいるのは事実です。

それともう一つは、これとつながりますけれども、もし動物たちのように「いっぺんに五人も十人も子供が生まれる」ということだったらどうなるかを考えてみると、おそらく子供が粗末《そまつ》にされるでしょう。これだけは事実であると思うのです。大量に易々《やすやす》と生まれた場合には、子供が粗末にされてしまうわけです。

「人間の成長、修行、教育というものには、もっと手間をかけなくてはいけない」ということが予定されています。ですから、出発点において、そうした難関がまず待ち構えているのです。そして、そのあと、二十年近くもかかります。

これも、不合理という考えはあります。こういう説も霊人たちのなかには有力にあります。「一年ぐらいで大人にしたらいい」という説は有力にあります。

ただ、おそらくは、大人にする時間を短くしたら、人間の寿命《じゅみょう》そのものがもっと短くなるはずです。おそらく十年か二十年で寿命が尽《つ》きるようになるはずで、数十年、あるいは百年余りの寿命があるから、大人になるまで二十年かかるようになっているんですね。その前の段階として、なかなか一人前になれないように仕組まれているのです。

さらに、その前の段階として、子供を産むということには陣痛を伴う。それは、「母親にそれだけの自覚が要《い》る」ということです。「そんな気楽なことではないぞ。そんな楽な仕事ではないぞ」ということを教えているわけです。

女性の操《みさお》を守る〝防波堤《ぼうはてい》〟であり、家庭生活を営《いとな》ませる〝巧妙《こうみょう》な方法〟

それと、もう一つは、現在は避妊《ひにん》の方法がそうとう行き渡《わた》ってきましたけれども、これは歴史の流れのなかではそんなにポピュラーではありません。従来であれば、男女の自由な交わりによって子供ができてしまうわけです。

ところが女性は、その陣痛があるということが、すなわち、肉体的な一つの反作用として、自由恋愛《れんあい》の結果、そういう陣痛を伴う出産が待っているということが、「恐怖心《きょうふしん》」になっているのです。

この「恐怖心」の部分が、長い歴史のなかでは、女性の操《みさお》を守るための〝防波《ぼうは》堤《てい》〟になっていたのは事実です。防波堤としてあったのは、この妊娠《にんしん》・出産による痛みという恐怖心が一つ。

もう一つは「羞恥心《しゅうちしん》」です。女性には「恥《は》ずかしい」という感覚が非常に強いのです。男性に比べて、「恥ずかしい」という感覚がものすごく強いのです。

この羞恥心と恐怖心が、女性が正しい家庭生活を送っていくための防波堤として、もともと予定されていたものなのです。

子供の出産が楽々としたものであれば困りません。ただ、それほど大変なものであるがゆえに慎重《しんちょう》になります。

そして、やはり、子供を産む以上は、その陣痛の苦しみのなかで身動きができないのですから、しっかりした家庭を持たないと困ります。「経済的に護《まも》られなくてはいけない。自分を護ってくれる人が必要だ。ちゃんとした人と結婚《けっこん》してから子供を産みたい」と、こうなるわけです。

ですから、家庭生活を営《いとな》ませるゆえに考えた〝巧妙《こうみょう》な方法〟でもある。これが霊的な側面からの説明になります。

そういうことをよく知って、助産師としては、お母さんに、心掛《こころが》けとして、

「この苦しみをきっかけとして、あなたはいっそう霊的には進化するんですよ。その苦しみを通して強い責任感というものが生まれてくるんですよ。母になるんですよ。この自覚が強くなるんですよ。そして、それだけの苦しみのなかで子供を持ったということが、その子を護っていくための一つの強い動機になるんですよ」ということを伝えることです。

強い動機になるのです。「お腹を痛めた子供」といいますけれども、その記憶は忘れられるものではないのです。それが、その子供を長年にわたって育てるための動機になっていきます。貴重だからです。大変なことだったからです。だから、値打ちがあるのです。

難しいものは値打ちが出るのです。そういうことなのです。卵のようにポコポコと生まれたら値打ちはないのです。

5 輸血の是非《ぜひ》やアレルギー体質について

Q5 『聖書《せいしょ》』のなかに「血を避《さ》けなさい」という箇所《かしょ》が何回か出てくることから、ある宗教団体では、「輸血は血の神聖さを犯《おか》す。命を救うからといって神の律法を破ることは正当化されない」としています。しかし、血液型がどの人種も四種類しかないのは、「お互《たが》いに傷ついたときに助け合いなさい」という神の慈悲《じひ》ではないのでしょうか。この輸血の問題についてお伺《うかが》いできればと思います。

復習セミナー 第三回「『キリストの霊言《れいげん》』講義」

一九八九年二月一日 東京都・幸福の科学研修ホール(西荻窪《にしおぎくぼ》)にて

輸血の際は「感謝の念」で拒絶《きょぜつ》反応を調和させることが大事

ずばり「Eの証人」ですね。今日も新聞に出ていましたけれども、輸血拒否《きょひ》の問題で亡《な》くなった子供が出たりして、今、世間《せけん》を騒《さわ》がせています（説法《せっぽう》当時）。そして、本人が拒否しても、病院や、大学の医学部のなかの倫理《りんり》委員会が「輸血はOK」という決断を出したというようなことが新聞には出ていました。本人が拒否してもやってもよいのではないかというような、そういう記事が出ていました。

これについての考えですが、『旧約《きゅうやく》聖書』等を盾《たて》に取って今言うのは、やはり「少し古い」と言って間違《まちが》いないでしょう。文献《ぶんけん》的に見てそうしたとしても、「それについての霊的な意味合いが、分かっていない面があるのではないか」という気がします。

また、輸血の是非《ぜひ》ということで、「血液型は四種類しかないけれども」ということでしたが、本当は四種類ではないのです。無限にあるのです。現代の医学でまだ分類できていないだけであって、本当は無限に近い種類があるのです。比較《ひかく》的、傾向性《けいこう》が出ているものが四種類あるだけで、本当は、同じ血液というのは一つもありません。それが事実です。

ただ、「この血液をどう見るか。私たちの肉体の器官および血液というものをどう見るか」ということですが、もちろん血液のなかにもヘモグロビンから始まって、いろいろな〝生命体〟が生きているわけです。この部分は、その人固有のものであることは事実です。そういう〝小さな魂《たましい》〟としてあるのは事実ですから、輸血によって、そのへんで多少、違和《いわ》感があるというのは、現実の問題としてあります。

これについてどう考えるか、仏法真理《ぶっぽうしんり》の立場から見てどう考えるかということですが、輸血に関しても、同じ血液型のものを「感謝」して受ければ、その分のショックはそうとう和《やわ》らぐのです。「感謝をして受ける」ということです。

血液のほうにも多少なりとも、小さいけれども〝意志〟は残っているのです。意志があるものですから、「拒絶反応」がよく起きます。ですから、「感謝の念によってそれを調和する」ということが非常に大事です。

やはり、人のものを受ける場合には、その拒絶反応を回避《かいひ》するために「感謝」という念を持つことです。「その人に頂いてよかった」という気持ちです。これを持つことによって、その不調和の部分が調和していきます。そして、自分の体になじんでいくようになっていきます。

ですから、輸血そのものがいけないとは私は言いませんが、そういう感謝の気持ちを持つこと、それと、異質なものが入ってくるということに対して、単に「嫌《いや》だなあ」とか、ただ「助かった」とか思うだけではなくて、「生かされてありがたい」という気持ちを持つことです。それによってその有毒性のようなものが消えて、自分の体のなかになじんでくるようになります。

そういう気持ちさえ持っていれば、輸血そのものは仏法真理的に見てOKです。これは言ってもいいですし、救うべき法益を考えたときに、「大きなものを救う」という観点から言えば、やはり、これは輸血してもいいほうに傾《かたむ》くべきでしょう。そう思います。

ただ、「人の血液というものは単なる〝物〟ではない」ということだけは忘れてはいけないということです。

臓器移植は、出す人ともらう人の意識が調和していないと難しい

これは臓器でも一緒《いっしょ》です。「単なる物だ」と思うと、拒絶反応が起きてしまうから駄目《だめ》です。

心臓移植などが成功しないのも拒絶反応が出るからです。心臓というのは臓器のなかでもいちばん霊的な部分なので、持っていた本人の魂と極《きわ》めて関係があるのです。極めて関係があって、心臓自体に一つの意識があります。この心臓の意識のなかに、「心の中心部分とつながっている接点がある部分」があるのです。ですから、この部分が移植されると、極めて強烈《きょうれつ》な拒絶反応が起きます。

そして、今は肉体的にだけこれを行《おこな》っていますが、本当は、この心臓の移植あるいは臓器の移植等が成功するためには、臓器を持っている二人の人間、「出すほう」と「もらうほう」の両側の意識が、ある程度、調和していないと駄目なのです。まったく調和しない人の臓器をもらっても合わないのです。

ですから、医学に仏法真理を持ち込《こ》むとするならば、この移植する人とされる側の二人の意識レベルが、本当のことを言えば「信仰《しんこう》」だとか「思想」、あるいは「傾向性」等が、似通《にかよ》った人のものでないと難しいのは事実なのです。そうしないと、いろいろなところで障害が出てきます。

この世を去ったときに、あの世で同じ村に行けるような人のものであれば、かなり楽です。「感謝の気持ち」を持てばスムーズにいきますが、肉体意識に非常に差がある場合だと駄目になってしまいます。

これは「悟《さと》り」とも関係があるのです。

「臓器の意識」に因果《いんが》を言い含《ふく》めることも必要

例えば、六次元（注）ぐらいの意識を持っている人に、地獄《じごく》霊的波動《はどう》を持っている人の臓器などを移植すると不調和を起こします。合わないのです。同じぐらいの波長《はちょう》を持っている人のものだと比較的合いやすいのですが、波長に差があると必ず合わないのです。体のなかで意識が合わないのです。各臓器はみな意識を持っていますから、合わなくなります。

　このときには、やはり、意識がある臓器であったとしても、人間そのものではないのですから、人間のなかに宿って魂修行《しゅぎょう》をしている臓器の意識ですから、彼らによくよく因果《いんが》を含《ふく》める必要があるのです。

　因果を含めなければいけないので、できれば、外科医《げかい》は幸福の科学の会員になってよく勉強していただきたいのです。移植する場合には、「してはいけない」とは言わないけれども、するときに因果を含めるのも役割です。臓器に言わなければいけないのです。

「おまえはもう死んだのだ。しかし、おまえの菩薩行《ぼさつぎょう》の一部として、ほかの人の命をもうちょっと延ばすという仕事は残っているのだ。

　おまえは元の持ち主から別れるのは非常に悲しいだろうが、彼はもう魂となって天国へ行って修行をする。おまえは残された部分として、神の特別な使命によって、特別な役割が今与《あた》えられるのだから、よくこの使命に納得《なっとく》して、この者のなかに入ってよく助けるのだ」

そのように因果を含めるのです。

そして、臓器をもらう本人には感謝の念を起こさせることです。

これに成功すれば、ある程度うまくいきますが、成功しないと、どこかでまた体調が悪くなるか病気になります。必ずそうなります。

本当は、私が〝病院に寄る〟のがいちばんいいのです。臓器の意識に言えるから、臓器も聞こえるのです。臓器の反応も分かります。言えるから入りますし、言うことをききます。そうなります。実際、そのとおりなのです。

それができないにしても、ある程度、仏法真理を学んでいると、そういうことは分かりますので、もし家族のなかで、輸血や臓器の移植などをどうしてもしなければいけないような場合が出たら、こういうことを教えてあげてください。

その臓器や血液に対しても、もちろん言わなければいけませんし、やはり、感謝の気持ちで、毒素、毒気《どくけ》、あるいは反発心が薄《うす》れるのです。これは事実です。

アレルギーが起きやすいタイプの人も「感謝」をすること

アレルギー体質の人もまったく同じ原理です。「他人《たにん》から輸血をしてもらう、臓器をもらう」のと同じ原理で、肉食をするとアレルギーが起きる人がいます。これも、結局は一緒なのです。同じ原理です。肉を食べると駄目な人というのも、臓器移植が駄目なのと一緒なのです。「他の動物の意識」と「自分の意識」とが反発するのです。

それと、動物の肉には血が入っています。血が入っているので、これも輸血とまったく同じなのですけれども、これが反発するのです。

アレルギーが起きやすい人は、こうした他の生き物の想念などに、非常に敏感《びんかん》に、過敏に反応する体質なのです。「霊的である」と言えばそういうことなのですが、過敏に反応します。

したがって、肉食でのアレルギーが起きやすいタイプの方は、「感謝の念」が足りませんし、「好き嫌《きら》い」が多いのです。ですから、彼らがどれだけの犠牲《ぎせい》をもって、今、食卓《しょくたく》に上《のぼ》っているかということに思いを巡《めぐ》らせて、もっともっと感謝して食べることです。

よく食事のときに「合掌《がっしょう》」をしたりしますけれども、これもその表れの一つです。命あるものを食べるということで、彼らをある意味で「供養《くよう》」してやっているわけです。死ぬときの恐怖心《きょうふしん》が肉などに残っているのです。「恐怖心」あるいは「怒《いか》り」「憎悪《ぞうお》」、このようなものが残っていますし、血液のなかにもそうした〝毒素〟が明らかに残っていますが、そうしたものが、これによって和らぐのです。ですから、アレルギーのある人は、特に「感謝が足りない」のです。

魚などでアレルギーが起きる人も、結局、一緒です。あるいは鳥、それから卵、いろいろなもので起きますが、これらもみな一緒です。感謝の念が足りないんですね。もう少し持つことです。そうするとアレルギーが消えます。本当に消えると思います。やってみてください。真実、持つと消えるはずです。

本当に調和された方であれば、何を食べたってアレルギーということは絶対にありませんし、そうした拒絶反応が出ることはないと思います。すべてに対して調和できるはずです。

ですから、まったく同じものなのです。食べ物に関しても一緒です。食べ物を食べ、肉類などを食べて拒絶反応が出るタイプの人は、輸血や臓器の移植などを受けると、本当に同じようになると思います。おそらく同じになります。

ですから、このへんは、よくよく調和が必要だと思います。

（注）六次元……霊界《れいかい》では、一人ひとりの信仰心《しんこうしん》や悟《さと》りの高さに応じて住む世界が分かれている。地球霊界では、九次元宇宙界以下、八次元如来界《にょらいかい》、七次元菩薩《ぼさつ》界《かい》、六次元光明界《こうみょうかい》、五次元善人界、四次元幽界《ゆうかい》まである。六次元光明界には、学者や政治家など、各界の専門家等が住んでいる。『永遠の法』（前掲《ぜんけい》）等参照。

6 臓器移植は善か悪か

Q6

脳死と魂《たましい》の関係についてお伺《うかが》いします。また、臓器移植はこの世において善であるのか悪であるのか、お教えください。お願いいたします。

一九九〇年 第五回大講演会 第二部「人生の王道を語る」
一九九〇年六月三日　千葉県・幕張《まくはり》メッセにて

「死」とは魂《たましい》が肉体から遊離《ゆうり》し、霊子線《れいしせん》が切れたときのこと

はい、分かりました。当会の教えのなかでも部分的に、『黄金の法』（前掲《ぜんけい》）など幾《いく》つかのところに答えは出てはいるのですけれども、もう一度、改めて言います。

医学的には現在、「脳死、脳波が停止してしまうときが死である」というふうに判定されていますが、私たちの立場から言うと、これは死ではありません。死とは、あくまでも「魂《たましい》が肉体から遊離《ゆうり》したとき」なのです。魂が肉体から遊離して、そして、魂と肉体の間は霊子線《れいしせん》というものでつながっているのですけれども、これが切れたときが死であります。そして、これが切れるまでには、通常の場合、一日は最低でもかかるのです。

普通《ふつう》、死んでから葬式《そうしき》をするまでの間にお通夜《つや》をします。「あまりに早く葬式をしてしまって、焼き場に連れていくとよくない」ということを言う方もいらっしゃいますが、そのとおりなのです。お通夜があるのは、実はその事実があるからなのです。魂が抜《ぬ》けるまでに時間がかかるのです。

例えば、「今、脳死した」ということで、魂が抜けていないのに、すぐに霊柩《れいきゅう》車《しゃ》に入れて焼き場に連れていって焼いたら、その人はその箱のなかで苦しみ、痛がっています。まだつながっているから分かるんですね。焼かれたら、本当に痛いと感じてしまうのです。骨になるのは大変な恐怖《きょうふ》で、その「死のときの恐怖心」というのが、その人が成仏《じょうぶつ》するのを妨《さまた》げるのです。

それはそうでしょう。あなただってそうでしょう。今のまままで棺桶《かんおけ》のなかに入れられて、焼かれてごらんなさい。大変なことでしょう。その恐怖を現実に味わっている人がいるのです。これは、魂が抜けるまでは感じるのです。

抜けてしまったら、もう感じないのです。「あら、自分の肉体が焼かれているわ」という感じで見ているのですが、そこに行くまでに、お通夜と言うけれども、普通は一日かかるのです。

ですから、「それ以前は、〝本当の意味での死〟ではない。そこには魂にとっての痛みや恐怖はありえる」ということが事実なのです。これは、よし悪《あ》しの問題ではなくて「事実」なのです。

これが脳死についての判定です。

「引導《いんどう》を渡《わた》して焼き場に行く」というプロセスを踏《ふ》む

しかし、医者から見れば、いつ魂が離《はな》れたかなんて分かるわけがないのです。ですから、かわいそうな面があるのだけれども、実際は、脳が止まってから一日かかると思ってください。二十四時間ぐらいが普通です。この二十四時間がたてば、たいていの場合は離れます。

離れない人もなかにはいます。これは死後硬直《こうちょく》を起こしている人たちです。死後硬直で体がこわばって、棺桶のなかに入らないことがあるでしょう。あれは、実際は入りたくなくて〝暴《あば》れて〟いるのです。要するに、体から出たくないのです。それで〝頑張《がんば》って〟いるのです。

これは、まだ本当の意味で〝死んでいない〟のです。〝死んでいない〟ので、こういう場合は、本来であれば、お寺のお坊《ぼう》さんが来て説得をしなければいけないのです。こういう死後硬直を起こしているような人に対しては、「あなたは死んだんだ。その執着《しゅうちゃく》を断《た》ちなさい。肉体から離れなさい」ということを言い聞かせないと、焼き場に連れていっても駄目《だめ》なのです。それでは迷うだけですから、本当は言い聞かせる必要があります。

この場合には、二十四時間を過ぎてもまだ駄目です。こういう人の場合には説得をしておかないと駄目で、本当はこのために、お坊さんがお葬式に来ているのです。

お葬式のときに、お坊さんが来て読経《どきょう》をするでしょう。それは実際は、「あなたは死んだんだ」ということを言い聞かせて、「あの世の世界があるんだよ。その世界に行きなさい」ということを言い聞かせているのです。

ところが、今はお坊さんが〝漢文を読んでいるだけ〟ですから、残念ながら、それが正確に伝わらないのです。伝わらない。残念なことです。

本当は、それをやらなければならないのです。「生と死」について明確に説く必要があるのです。それをやって初めて、焼き場に行って構わないんですね。それで引導《いんどう》を渡《わた》したら、焼き場に行って構わないのです。これがプロセスです。

「臓器を譲《ゆず》る人」と「もらう人」の意識が一致《いっち》していることが大事

そうすると、外科《げか》手術で臓器移植をやっていますが、今までの結論からいくと、どういうことかだいたい分かるでしょう。

結局、「痛い」ということです。「やられている人は痛みを感じている」ということです。脳が止まってすぐにやられますと、これは、今生きている人の心臓をえぐり、肺臓をえぐっているのと同じなのです。魂にとっては〝感じる〟のです。

ですから、「その後の成仏が非常に妨げられる」ということは事実です。

実際上、苦しいのです。魂は苦しみますから、昇天《しょうてん》するのに時間がかかります。これをやるために、今、あの世の天使系団のなかで、医療《いりょう》系団の天使、あるいは看護師さんやお医者さんたちが行って、一生懸命《いっしょうけんめい》に説得しています。「あなたの心臓はなくなったけれども、本当は命はあるんだよ」と言っています。本当に笑い話のようですけれども、「心臓はないけれども、腎臓《じんぞう》はないけれども、○○はないけれども、本当は命があるんだよ」ということを一生懸命に説得する。そんな仕事が、今、発生してきています。大学病院の周りで、特に発生してきています。

説得して成功すれば、やがてちゃんと分かってくれますけれども、それでも、大変なことだけは事実なんですね。ですから、それは知っておいてください。

いちばん問題がないのは、そういう死のときに、まず、「臓器を譲《ゆず》る人」と「もらう人」との両方の意識が一致《いっち》していることです。これが大事です。

もらう人は「ありがたい」という気持ちで受け、出す人は「自分は永遠の生命を持っていて、臓器というものは肉体の一部なんだ。私は死ぬから、多少の痛みはあるかもしれないけれども、この人の生命のために提供しよう」と納得《なっとく》して、そして、両方の意識が合致したとき、すなわち、「感謝して受ける気持ち」と「納得する気持ち」が合致したときには、痛みはやはりありますけれども、何とかして本人が我慢《がまん》します。我慢しますから説得がきくんですね。

こういう手続きをする必要があります。

「真理を知っている」ということは非常に大きな力になる

ですから、他人《たにん》の臓器をもらっても感謝の心がなく、調和していない場合には、もらった人も、またすぐに亡《な》くなります。それは、「臓器であっても意識がある」からです。

その意識は、それを持っている人の意識と一致していますから、その人の意識と合わない人の体のなかに入ったら、やはり臓器が〝反乱〟を起こして、いろいろな現象を起こします。そして結局、何らかのかたちで、また病気は悪化するようになります。

そのように「意識の同通」が必要で、そのためには、やはり「感謝の心」、それから「臓器を渡すほうの人が納得していること」、これが大事です。

ですから、大学病院でそういうことをするためには、今言った事実をよく受け入れて、亡くなる前の方に、納得するかどうかは知りませんけれども、分かっていただく必要があります。

「真理を知っている」「実際のことを知っている」ということも、そのときには非常に大きな力になります。

「死ねば何もかもなくなる」と思って、「だから臓器なんかいいよ」と思っている人は、実際は大変なことになるわけです。死んでも命があることを知って、また、霊子線が切れるまで痛みがあることを知って、大変な驚愕《きょうがく》があります。

そうすると、外科のお医者さんは、同時に〝お坊さん〟でもなければならないということになります。お医者さんの立場で言いますと、「そういう外科手術をやっているお医者さんは、真理を学んで、真理の体得者である必要がありますよ。メスを持つときに、引導を渡すつもりでやらなければ駄目ですよ」ということです。

以上のことを理解していただければ、やってくださっても善悪の問題はありません。

第3章

心の病《やまい》から立ち直るヒント

1　不眠《ふみん》やアルコール依存症《いぞんしょう》で悩《なや》む人へのアドバイス

Q1

私は急性アルコール依存症《いぞんしょう》になり、四日間お酒を飲み続けました。一週間後に、いちおう元の自分に戻《もど》ったのですが、その四日後の夜中二時過ぎに、突然《とつぜん》、恐怖心《きょうふしん》を感じまして、そのときに、亡《な》き父親の姿がベッドの横にはっきりと映ったのです。それ以来、睡眠薬《すいみんやく》を飲まないと寝《ね》られません。これについてご指導を頂けないでしょうか。

なお、父はお酒が飲めなかったのですが、父方の祖父のきょうだいには、一家で酒を飲んで家を潰《つぶ》してしまった人がいると聞いております。

関西特別セミナー「『不動心《ふどうしん》』講義」
一九八九年九月三日　大阪府《おおさかふ》・寝屋川《ねやがわ》市立市民会館にて

まずは寝《ね》る前の軽い運動の習慣で、体の緊張《きんちょう》や疲《つか》れを取る

はい、分かりました。聞いているうちに〝寒く〟なってきたのですが、原因はだいたいお分かりのようだと思います。だいたいの原因はそういうことだと思いますので、対策のほうを中心にお話しいたします。

それは悪霊《あくれい》が来ていると思われます。夜に寝《ね》られないのはたいていそうですから、対策を立てないといけないと思います。〝処方箋《しょほうせん》〟を出しますので、よく聴《き》いてください。〝処方箋〟を出します。

一番目の処方箋ですが、これは精神的なものではなくて、肉体的なほうから入っていきたいと思います。

夜、寝られる前に、軽い体操か何かで結構ですから、必ず体を動かすことをやってみてください。これがわりあい効くので、肉体のほうからいきたいと思いま

す。体を使って、体の緊張《きんちょう》や疲《つか》れを取るための柔軟《じゅうなん》体操のようなことを、できたらまずやってください。

ただ、くたびれてしまうところまでやったら駄目《だめ》です。いろいろな霊作用を受けているときに肉体が疲労《ひろう》していると、抵抗力《ていこうりょく》がなくなるんですね。疲れていると、心のほうが力が弱くなってくるのです。ですから、疲れすぎるところまで行《い》ってもいけないのです。

きつい運動をやっているとだんだん体力はついてくるでしょうが、ついてくるまでの間に、最初はしばらく〝えぐれ〟ます。このときがいちばん危なくなるはずですので、その場合は、疲れない程度の軽いものに切り替《か》えたほうがいいと思います。これが一つです。

知人がよくなっていくイメージを持ち、「愛の念」を送る

それからもう一つ、次に私がお願いしたいことは、その体操をやったあとに、もう自分のことは結構ですから、あなたの場合だったら二十分ぐらい、あなたのお知り合いのなかの誰《だれ》かを順番に思い描《えが》いて、そして、毎日違《ちが》った方でも結構ですので、「その人がよくなっていく、よくなっていく」というイメージを持って、「愛の念」を送ってあげてください。「どうか、この思い描いた人がよくなりますように。素晴《すば》らしくなりますように」という思いの念を出してみてください。

以上の二つというのは、まず悪霊の波長《はちょう》と合わないようにするための方法なのです。これで二つ言いました。

生まれてから現在までのことを徹底的《てってい》に反省する

これから先ですけれども、それで多少、夜の眠《ねむ》りがよくなってきたならば、やはり一度、徹底的《てってい》に「反省行《ぎょう》」をやっていただきたいのです。

それは、土曜か日曜のような、たっぷりと時間があるときがいちばんよろしいと思います。土曜か日曜の、たっぷり時間があって、あまり他の人の邪魔《じゃま》を受けない時間帯がいいと思います。その間《かん》は、電話だとかいろいろな人の話とかは、まったく聞かないでください。

そして、いろいろな本にも書いてありますが、できたら、生まれてから現在までのことを、何歳《さい》かごとに区切って思い出して、反省してみてください。これがきっちりとできると、夜に眠れないという症状や、あるいはアルコール依存症の症状といったものは、完全に消えるはずです。これは消えます。

今、三つ言いました。

まず、「夜眠る前に軽い体操をすること」。

それから、「自分と縁《えん》があった人々、あるいは、今、調子の悪い人、ちょっと不遇《ふぐう》な人、そういう人を思い描いて、彼らに温《あたた》かい念を送ること」。

そして、だいぶ調子がよくなってきたと思ったら、「土曜日か日曜日にまとまった時間を取って、徹底的に自分の過去というものを思い出してみること」。

そのときに、反省をしてみて、自分の語ったことや、あるいは他の人がしてくださったことを思い出しているうちに、大粒《おおつぶ》の涙《なみだ》が流れてくるはずです。この「涙が流れて、泣けて泣けてどうしようもない」ということを経験しなければ、反省ができているとは言えませんので、必ずその部分を通過してください。

方法論については、『真説《しんせつ》・八正道《はっしょうどう》』（幸福の科学出版刊）にも書いてあります。

そちらが難しかったら、もう少し簡単なものをやってもいいと思います。

以前、「反省の原理」（『幸福の科学の十大原理（下巻）』〔幸福の科学出版刊〕所収）という講義をしました。簡単な反省の方法もありますので、そのテープ（現在はＤＶＤ）を聴くなり、書籍《しょせき》を読むなりして、それも使ってみてください。

そこまでやれば治るはずです。原因は霊的なものだと思うので、その波動《はどう》が合わないようにすることです。

幸福の科学の支援霊団《しえんれいだん》に「護《まも》ってください」とお願いする

あと、それにプラスアルファでもう一つ言うとするならば、当会の支援霊団《しえんれいだん》に強くお願いしてみてください。「私を護《まも》ってください」と、強くお願いしてください。

今日、私がこういうふうにあなたに言うということは、あなたがそう思うことで約束が出来上がりますから、必ず指導してくれるようになると思います。それは、私のほうからもお願いしておきますから、強くお願いしておいてください。
以上で、必ずよくなると思います。（注）

（注）現在、幸福の科学では、悪霊撃退《あくれいげきたい》や病気平癒《へいゆ》、健康回復などを祈念《きねん》する精舎《しょうじゃ》祈願や支部祈願も多数執《と》り行《おこな》っている。

2 霊《れい》作用による不眠《ふみん》やぎっくり腰《ごし》、肥満等への対処法

Q2　私はよくぎっくり腰《ごし》になります。また、頓服《とんぷく》と睡眠薬《すいみんやく》が欠かせず、これらを飲まないと、寝《ね》ても起きても、身の置きどころのないつらい状態になります。

さらに、体重が九十キロ以上まで増えたのですが、薬を飲んでいるから食事療法《りょうほう》もできず、悪循環《あくじゅんかん》になっています。台所仕事等は主人がやっていて、私は家で、食べては寝ての生活になってしまっています。

一九九〇年 第十回大講演会「人生修行《しゅぎょう》の道」

一九九〇年九月三十日　愛媛《えひめ》県・愛媛県県民文化会館にて

摂取《せっしゅ》カロリーを減らし、まずは体重を減らすこと

まず第一に、体重と睡眠時間の関係がありまして、体重が増えると、よく寝るようになるのです。これは私も、九十キロはないですけれども、実体験しているので分かるのです。

体重が増えると、例えば、お相撲《すもう》さんはみな〝赤ちゃん睡眠〟を取るんですね。体重があれくらいになると、寝ないと体がもたないのです。そういうことが一つにはあります。

それと、体重が重いと、次は、寝ると背骨が痛くなるんですね。それで、寝られないというようなことがよくあるわけです。

したがって、これはまず体重を減らすしかないのです。減らすためには、食べ物のカロリーを減らすか、運動をするかのどちらかしかありません。ところが、

体重が増えた人は、億劫《おっくう》だから両方できなくなって、結局、悪循環でそのままになるということです。

しかし、これはもう、自分でそれを認めるか、変えようとするか、どちらかしかありません。

私も今年、頑張《がんば》って五キロ痩《や》せましたが、そうとうな努力が要《い》ります。全国で講演をしていますから、体重が増えると億劫になってくるんですね。それで、遠くへ行きたくなくなってくるのです。それでは申し訳ないので、一キロでも減らすと少しは行きたい気持ちになるのではないかと思って、五キロぐらい減らしてみたのです。

やはり、食事療法がいちばんいいのではないでしょうか。カロリーを減らすのがいちばんではないかと思います。

不眠《ふみん》に悩《なや》む方にお勧《すす》めの法話《ほうわ》

あと、ぎっくり腰等も体重と関係があるだろうと思いますが、夜に寝られないとか、ぎっくり腰とかが来ると、ちょっと霊《れい》作用のほうも懸念《けねん》されるので、その場合には、私の法話《ほうわ》（ＣＤやＤＶＤ）をかけていただきたいのです。

夜、就寝《しゅうしん》する一時間ぐらい前から法話をかけて、一時間ほど聴《き》かれると、たぶんぐっすり寝られると思います。もし、それでも寝られなければ、リピートして続けるようにしていったら絶対に寝られます。

〝予言〟しましょうか。あなたは、おそらく鼻提灯《はなちょうちん》をつくって寝ますから、私の法話は最後まで聴けないはずです。たぶん十五分ぐらいで寝てしまうはずです。〝予言〟しますから、今晩、試《ため》してみてください。

では、どういうものが向いているかということですが、あまり難しいものは向いていないかもしれません。人によってちょっと違《ちが》うのですけれども、あなたに向いているものとしては、「『愛の原点』講義」とか、そういうものがいいでしょう。

一般《いっぱん》的には、不眠《ふみん》で悩《なや》んでおられる方にいちばんよく効くのは、「悟《さと》りの原理」や「反省の原理」などの仏陀《ぶっだ》系統の法話です。あと、「悟りの極致《きょくち》とは何か」といった系統の法話をかけますと、一発で悪霊《あくれい》を吹《ふ》き飛ばす力があるものですから、よく眠《ねむ》れます。

「反省の原理」などは、いちばんよく効きます。あのときは会場に悪霊がものすごく多かったので、最初は悪霊を飛ばすことに専念して講演していたものです。「反省の原理」は特に悪霊に効きますので、かけてくださいね。それであなたの睡眠は確保できることを保証します。（注）

（注）本書発刊時点では、「THE《ジ》 EXORCISM《エクソシズム》――不成仏霊撃退祈願曲《ふじょうぶつれいげきたいきがんきょく》――」（作曲 大川隆法）や、「子守唄《こもりうた》」（作詞・作曲 大川隆法）、エンゼル精舎《しょうじゃ》 子守唄「スーパーマンもネンネする」（作詞・作曲 大川隆法。「スーパーマンの起っきとネンネ」収録）等の楽曲も発売している（いずれも発売・販売 幸福の科学出版）。

3 拒食症《きょしょくしょう》は霊的《れいてき》にどう見えるか

Q3 私の身近な方の奥様《おくさま》が、数年前から、拒食症《きょしょくしょう》といいますか、食べたものをほとんど出してしまうという病気になっていて、体重も半分ぐらいになり、生きる望みがなくなっているような状況《じょうきょう》です。アドバイスをお願いいたします。

一九九〇年 五月研修「『谷口雅春《たにぐちまさはる》の大復活』講義」
一九九〇年五月五日　兵庫県・宝塚《たからづか》グランドホテルにて

「足《た》ることを知る」と「感謝の心」の二つの教えが大事

はい、分かりました。「拒食症」というわけですけれども、原因はもともと、その人の心から発しているのでしょう。そういう状態でありましたら、おそらく、霊《れい》作用もだいぶ働いているだろうと推定されます。

どういう霊作用かというと、地獄《じごく》霊のなかでいきますと、餓鬼《がき》地獄というものがあるのですが、そこにいる霊人《れいじん》たちは、食べても食べてもお腹《なか》がいっぱいにならないで痩《や》せていくのです。そういうところがあります。

これは欲望が非常に強いのです。まったく満足しません。どんなに与《あた》えられても与えられても、満足できないのです。まだお腹が空《す》いていると思って、求めて求めて、いっぱいにならない。これが、そうした亡者《もうじゃ》たちの心境なのです。

そういうものが寄ってくるのは、どういうところに原因があるかということですが、処方箋《しょほうせん》は二つしかありません。

一つは、「足《た》ることを知る」という考えです。これを教えてあげることです。足ることを知る。

もう一つは、「感謝の生活」の大事さです。感謝ということです。「足ることを知る」と「感謝」は非常に近い関係にありますけれども、この二つの教えが大事です。この「足ることを知る心」と「感謝の心」があると、例えば、餓鬼道には絶対に堕《お》ちないんですね。絶対に堕ちないのです。

昔、アフリカのビアフラというところの写真で、ガリガリだけれどもお腹だけがポコッと膨《ふく》れていて、亡《な》くなっていく人の写真がよく出ていました。もし、みなさんがあの世に還《かえ》られて自分の周りを見たときに、そういう世界が見え、そういう人がいっぱいいらっしゃるようでしたら、〝処方箋〟としては「足ることを知る」と「感謝」ということです。

「過去、自分が生かされた。生かされてきた」ということを十分に実感して、そして、「ああ、本当に欲望が強かった自分だったたな。貪欲《どんよく》に求めて求めて、それでも満足できない自分であったな。実は、多くのものを与えられていたんだな」ということを知る必要があります。

そして、足ることを知って、感謝の生活をすることです。

拒食症のその方は、おそらく、どちらも今のところできないはずです。

「知る」ということは幸福の一歩であり、幸福への近道

そういう人を導くためには、まず教えてあげることが大事です。「知る」ということから始まるので、知らないと、やはり、そういうことは考えつかないのです。実際に考えついて納得《なっとく》がいくかどうかは先のことですが、まず知らせてあげることが大事であります。

当会の「幸福の原理（愛・知・反省・発展）」のなかに「知の原理」というものが入っているけれども、「知る」ということは幸福の一歩なのです。

ハエなんかが家のなかに飛び込《こ》んでくると、窓に頭をぶつけて出られないでし

ょう。あれは、ガラスということの意味が分からないからです。ほかの所にちゃんと出口があるのに、そこに行かないで一生懸命《いっしょうけんめい》にガラスに頭をぶつけて出られないのです。

あれはハエだから私たちには〝愚《おろ》か〟に思えるけれども、私たちも実際は、あちこちで同じようなことをいっぱいしているのです。〝ガラスに頭をぶつけて〟いるんですね。そして、なぜ出られないかが分からないのです。

それは知らないからです。そのように、自分たちで勝手に苦しみをつくり、檻《おり》をつくって、そこから出られないといって一生懸命にやっているのです。

そこから出るためには、やはり「知る」ということが大事なのです。自分たちが今、自分の心でその出口を塞《ふさ》いでいること、これを知ることが必要で、何がいったい幸福になることを妨《さまた》げているか、それを知らなくてはならないわけなのです。

ですから、「学習、学習」と言うけれども、バカにしてはいけないのです。「知る」ということは、その苦しみをものすごく短い間で終わらせることになるのです。幸福への近道です。

幸福の科学では書籍《しょせき》伝道とも言っていますが、「本当に知っていたら、分かる」のです。「どうしたらいいのか」「何が違《ちが》っているのか」が分かるけれども、これが分からない人は、何十年たっても、経験しても分からないのです。

この「きっかけを与えてあげる」ということは非常に大事なことで、「功徳《くどく》」です。「徳を積む」と言いますが、やはり、そうした人たちを幸福に誘《いざな》うきっかけを与えるということは、徳を積むことになります。それは間違いないことなのです。

4　鬱《うつ》になった彼女を治すには

Q4　私の彼女は、三年ほど前に両親が離婚《りこん》しまして、昨年より抑鬱《よくうつ》状態が続き、一種のノイローゼといいますか、鬱といわれるものに陥《おちい》ってしまいました。現在まで快方に向かわず、毎日毎日、悶々《もんもん》として苦しんでいるのですが、どのような対処法があるかお教えいただければと思います。

また、彼女が元気づくような言葉を頂けるとありがたく思います。よろしくお願いいたします。

一九九〇年 第三回大講演会「限りなく優《やさ》しくあれ」
一九九〇年四月二十二日　兵庫県・神戸《こうべ》ポートアイランドホールにて

「神の愛」と「生きている人間の愛」で癒《い》やされていく

はい、分かりました。ご病気の原因がご両親の離婚ということで、その後、若い女性ですから、心に傷を受けて抑鬱状態が起きているということですね。

これは難しくもあるけれども、ある意味では〝いちばん簡単な病気〟であると、私は思います。その病気の原因は、「愛の不足」だからです。愛が自分から遠ざかっていった。愛が足りない、愛という名のビタミンが足りないから、そういう病気になっているのです。「愛に捨てられた」という感じに近いでしょうか。

この病《やまい》から癒《い》やされる道は二つです。二つであって一つです。

一つは、やはり、「神の愛を受ける」ということです。「神を信ずる」ということです。この信仰《しんこう》の下《もと》に、そのような病はすべて癒やされます。ですから、信仰の道、信じるということですね。神を信ずる。

そのときに、「無限の勇気」が湧《わ》いてまいります。「幸福感」が湧いてまいります。

今は、足りないところばかりが気になっているのです。不足なところばかりが気になっていますが、「本当に愛されている」ということを実感することができるようになります。それが一つです。

もう一つは、「生きている人間の愛」です。

あなた以外に、ないではないですか。

あなたが、やはり愛してあげるのがいちばんです。ですから、そういう質問をする前にこそ、もっと実践《じっせん》が欲《ほ》しいと私は思うのです。「何をしていたのか」と言いたいのです。

男性は一日で女性を幸福にすることができるのです。それができないということは、未熟と言わざるをえません。

今日一日で幸福にしてみせてください。私はそれを祈《いの》ります。何年もかかりません。一日で終わりです。

5　ノイローゼになった息子《むすこ》を救うには

Q5　ノイローゼで入院している息子《むすこ》が、五カ月前から「会いたくない」と面会を拒《こば》み続けています。「今の私にできることは、愛念《あいねん》を送り続けることだけ」と思い、愛念を送っておりますが、ほかに何かよい方法がありましたら教えていただけないでしょうか。「息子がノイローゼになったのは、私と主人の調和ができていなかったからだ」と反省しております。

ウィークデーセミナーB「神理学要論」(1)「愛と人間」
一九八九年九月二十七日　東京都・千代田《ちよだ》区公会堂にて

原因を押《お》さえなければ、結果が直らないことがある

物事には必ず原因があります。原因があって結果が出ます。ですから、結果のところだけをどうにかしようとしても、どうにもならないことがあります。原因のほうを押《お》さえなければ、それが直らないことがあるのです。

例えば、川の水がいつも氾濫《はんらん》して困るとします。それで天を恨《うら》んでも、その水の氾濫は終わりません。止まらないですね。

では、どうしたらいいかというと、やはり「堤防《ていぼう》が低い」あるいは「川の底ざらいができていない」、そうしたことが原因であることもあります。そういうときには、「川の底ざらいをし、堤防を高くする」ということが必要になります。

今、たとえで話をしているのですが、「子供がノイローゼになる」というような現象は、川の水が堤防を越《こ》えて溢《あふ》れ出したような状況《じょうきょう》でしょう。

その大自然の力を見て、あなたは唖然《あぜん》としておられる。「こんなに激流が、濁《だく》流《りゅう》が溢れてくるのに、これをどうすることもできない。この水を止めることはできない。困ったものだ」というふうに言っているのです。

ただ、そうした洪水《こうずい》も日がたてば引いていきます。それは事実です。いつまでも洪水を続けることはできません。必ずやその力は弱くなります。

そのときに、そうした洪水が来たことを、やはり忘れないことです。そして、必ず事前の策を打っておくことです。

八正道《はっしょうどう》に照らして反省するとともに、多くの人たちを幸福にする

原因は、「川の底が浅いこと」と「堤防が低いこと」です。

それはどういうことか。「川の底が浅い」ということ、要するに、「底ざらいができていない」というのは、どういうことかというと、「夫婦《ふうふ》の心のなかに数多

くの堆積物《たいせきぶつ》がある」ということを意味しています。お二人とも心のなかに葛藤《かっとう》がそうとうおありでしょう。この部分を取り除かなければならないわけです。「それが何であるか」ということは、八正道《はっしょうどう》（注）に照らして振《ふ》り返ってみたならば、自分自身で気づくことが必ずあるはずです。それは、あなたがいちばんよくご存じのはずです。その部分は、「反省」ということによって消えていくのです。

単なる「結果欲《ほ》しさの反省」をするのではなく、「反省さえすれば救われる」とか、「よくなる」とか、そういうことのためにするのではなく、他の人のことを考えないで、よくよく自分自身の魂《たましい》のために反省をしてみることです。ご主人も、する必要があります。

これが「底ざらい」です。

もう一つ、「土手を高くする」ということを言いましたけれども、あなたがたの愛の行為《こうい》がいかなるものであったかを、よくよく振り返っていただきたいのです。「他の人のために、どれだけ役に立っているか」ということを考えていただきたいのです。

そうすると、「堤防が低いな」ということに気がつかれるはずです。この堤防を高くする作業をしなければなりません。多くの人々を護《まも》るための堤防です。

それは何かというと、「多くの人々を喜ばせる」ということです。「多くの人たちを幸福にする」ということです。

そのことをもっと積極的に考えねばなりません。お子さんのことを、その幸福を考えるのも結構だけれども、それ以外の多くの人たちに対して自分たちができることを、もっともっとやっていかねばなりません。

これが「堤防を高くする」という行為です。

「自《みずか》らの反省」という名の川の底ざらい、それから、「愛の実践《じっせん》を数多く積むことによって徳を高める」ということ、この両者をすることです。

さすれば、お子さんがよくなるか、もしよくならないとしても、あなたがた自身がおそらく変わっていくでしょう。その変わっていくことは、必ずや、次なるよき結果への原因をつくることになっていくでしょう。「光明転回《こうみょうてんかい》」が必ず現れてくるはずです。

それだけをアドバイスしておきます。

（注）八正道《はっしょうどう》……仏陀《ぶっだ》が説いた、苦《く》を取り除き、中道《ちゅうどう》に入《い》るための八つの正しい反省法。「正見《しょうけん》」「正思《しょうし》」「正語《しょうご》」「正業《しょうごう》」「正命《しょうみょう》」「正精進《しょうしょうじん》」「正念《しょうねん》」「正定《しょうじょう》」の八項《こう》目《もく》を点検する。『太陽の法』『真説《しんせつ》・八正道』（共に幸福の科学出版刊）等参照。

第4章

障害を持って生きることの霊《れい》的《てき》意味

1 後天的に視力障害になった人へのアドバイス

Q1

私は最近、視力障害となり、視力障害者センターに入ったのですけれども、「ぜひ幸福の科学の会員になり、心を磨《みが》いて大川隆法先生のお教えを受けたい」と思いますので、勉強の方法と会員になる方法をお教えいただければと思います。目をよくして、みなさんと一緒《いっしょ》に活動したいと考えております。

ただ、今は本を読めないので、テープを聴《き》いています。点字の勉強をしているので、できれば点字本も出していただけるとありがたいです。

一九八九年 第八回講演会「無限の愛とは何か」
一九八九年十一月十二日 千葉県・東京ベイNKホールにて

活字で読むより耳で聴《き》くほうが、三倍ぐらいの学習効果がある

はい、分かりました。あなたのような方にまで、まだ十分に光が行き渡《わた》っていないことを、私も残念に思っています。

一部の図書館からは、「点字訳の本を出させてください」ということで幾《いく》つか依頼《いらい》も来て、そういうものが入っているところもあるようです。私の本で点字訳になったもののもあるのですが、まだ一般《いっぱん》的には出回っていないので、「非常にご迷惑《めいわく》をおかけしている」というふうに感じています。

ただ、活字で読むのと耳で聴《き》くのとでしたら、実際に声を耳で聴くほうが三倍ぐらいの学習効果があります。活字で読むと、強弱やバイブレーションがだいぶ落ちてくるのです。ですから、ＣＤで聴いたり、実際に講演を聴いたりするのはいいことです。

そうしたサービスも兼《か》ねて、各種の書籍《しょせき》等について、セミナーなどで、逐次《ちくじ》、講義をしておりますので、これを順番に勉強していただければと思います。

それと、当会の会員のなかには非常にボランティア精神に富んだ方も多うございますので、あなたがまだ読んでいない本で、「内容をぜひ知りたい」というものについては、必ずそうしたボランティアの方が音声を吹《ふ》き込《こ》んでくださると思います。そういう方のお力もお借りすればよいと思います（注1）。

耳で聴いても内容は一緒です。私の本は、手書きをしたものは非常に少ないのです。ほとんどが吹き込んだもので語り口調になっていますので、耳から聴いて、いっこうに差し支《つか》えありません。何回も聴いていただければ内容は分かります。

また、会員になる方法ですけれども、そんなに難しいことではないのです（注2）。真面目《まじめ》に取り組む姿勢さえあれば合格されるはずで、やたらと自分を飾《かざ》ったり偉《えら》く見せようとしたり、勢い込んで来る人がいるのですが、そういう方が、残念ながら入れないことが多いのです。ごく普通《ふつう》に、「真剣《しんけん》に学ぶ」ということを表明していただければ、それで結構であります。

そうした障害のある方には、なかなか一般の会員と同じようにはいかないところもあるでしょうけれども、かえって、その苦労の分だけ、得たものは大きいのです。間違《まちが》いなくそうです。同じようにはいかないかもしれないけれども、得たものは大きい。そう思ってください。

ハンディにとらわれすぎず、長所を伸《の》ばす工夫《くふう》を

あと、「目がよくなるかどうか」ということですけれども、これはあなた自身の人生の秘密と関係があるのです。各人の人生は、それぞれに予定もあれば、予定だけではない部分ももちろんありますけれども、何らかの〝問題集〟となっているのです。これを外部から変えることは、なかなか難しいものがあります。

そこでお願いしたいことは、もちろん、「よくなっていくこと」も可能かもしれませんけれども、「それを一つの執着《しゅうちゃく》にはしないように」ということです。「御心《みこころ》ならば、よくしてください。でも、もし目がよくならなくても、私はそれ以外の機能を使って仏法真理《ぶっぽうしんり》の勉強をしていきたいのです」ということを、常々、守護霊《しゅごれい》（注3）にお願いしておけばよいのです。どちらの道にしても、必ずあなたにとってはプラスになっていくと思います。

視力障害、聴力《ちょうりょく》障害、手足の障害、いろいろとございますけれども、地上を去った世界ではみんな完全になります。天上界《てんじょうかい》に還《かえ》った場合は、間違いなく全員、完全に戻《もど》っています。地獄《じごく》の場合にはちょっと分からなくて、そのままの方もいるのですが、普通の世界に還れば完全になりますので、それは心配しないでいいのです。

この間《かん》、そうしたハンディがあるけれども、その分、ほかの人にないものを鍛《きた》えて自《みずか》らの長所を必ずつくっておく、これだけが大事なことです。

人生はわずか数十年から百年ですから、その間、あまり、自分の欠点やマイナスのところにとらわれすぎないことが大事です。いろいろな人にみな欠点はありますけれども、それにとらわれすぎないことです。長所の部分がありますから、それを伸《の》ばしていく工夫《くふう》をされたらいいのです。

それが、今言えるところです。

（注1）現在、幸福の科学では、障害のある方と支援者が集《つど》う「ヘレンの会」で、視覚や聴覚《ちょうかく》に障害のある方等に仏法真理《ぶっぽうしんり》を学んでいただくためのサポートを行《おこな》っている。

（注2）当時は入会願書制度があり、仏法真理の書籍《しょせき》を十冊読んだ感想や入会の志望動機を書き、審査《しんさ》に合格した人が入会することができた。現在は、主エル・カンターレを信じ、その教えを学びたい方は入会ができ、仏弟子《ぶつでし》としてさらに信《しん》仰《こう》を深めたい方には、仏《ぶっ》・法《ぽう》・僧《そう》の三宝《さんぽう》への帰依《きえ》を誓《ちか》う「三帰誓願式《さんきせいがんしき》」を執《と》り行っている。（巻末の「入会のご案内」参照）

（注3）守護霊《しゅごれい》……人間の魂《たましい》は原則、「本体の霊が一名、分身の霊が五名」のグループによって形成されており、このうちの一人が守護霊として、この世に生まれ

た人間を天上界《てんじょうかい》から見守り、サポートしている。

2 知的障害を持つ人が輝《かがや》いた人生を送るには

Q2 私は知的障害児の養護学校（現在・特別支援《しえん》学校）に勤務しています。「かつてインドの地で、周利槃特《しゅりはんどく》という知的障害と思われる人が釈迦《しゃか》のもとに行ったとき、釈迦は彼に一本の箒《ほうき》を与《あた》え、掃除《そうじ》を続けさせた。すると周利槃特は悟《さと》りを開いた」という話をお聞きしましたが、知的障害者の悟りとはどのようなものでしょうか。

一九九〇年 第一回大講演会「信仰《しんこう》と愛」

一九九〇年三月十一日 千葉県・幕張《まくはり》メッセにて

「感性」や「幼子《おさなご》の持っているいいところ」を伸ばしていく

知的障害にもいろいろとレベルの差があるだろうと思うので、一概《いちがい》には言えません。

ただ、はっきりと私から言っておきたいことは、周利槃特の話がありましたが、「そうした方々が、今世《こんぜ》、命を持って、いちばん輝《かがや》いた人生を送るためには、感性のところを伸《の》ばしてあげるのがいちばんなのだ」ということです。「感性」のところで伸ばしてあげるのがいちばんいいのです。それもまた素晴《すば》らしい道なのです。

知的な障害があって、そこが伸びなくても、「感性」のところというのはあるのです。「知」のほうが塞《ふさ》がっているからこそ、かえって「感性」のほうが伸びやすい部分があるのです。

残念ながら、頭のほうが発達しすぎて、感性が濁《にご》ってしまったりして伸びない方はいっぱいいるのですが、知的障害のある方は、ある意味で「幼子《おさなご》の心」を持っている部分があるのです。ですから、「幼子の持っているいちばんいいところ」、これを伸ばしていくことです。

いちばんいいところとは、どういうところでしょうか。

素直であるところ。

人の言うことをよくきく態度。

信ずる心。

それから、喜び、こういうものに対して率直《そっちょく》な反応を示すこと。

朗《ほが》らかで、また、心に曇《くも》りをつくらずに生きていくこと。

こういうことは、普通《ふつう》の人が聞けば、非常に幼稚《ようち》に聞こえたり、抽象《ちゅうしょう》的に聞こえたりするのですが、知的障害者にとっては、本当に真実の「命の言葉」であると私は思います。

「天国の門が開《ひら》くときには、幼子のような者ほど入りやすい」といいますが、その感性の部分で曇りをつくらず、伸び伸びと伸ばしてやれば、間違《まちが》いなく天国に入れます。

素朴《そぼく》で、美しくて、飾《かざ》らなくて、陽気な性格に育ててあげてほしい

そして、今生《こんじょう》において知性に障害があったとしても、地上を去って天国に入ったときに、その障害は消えます。ですから、大丈夫《だいじょうぶ》です。むしろ、いいところをグーンと伸ばしておくことです。それが大事だと思います。

それによって、「この世的に頭のいい人たちよりも、はるかに進んだ心境になっていくことだってありえる」ということです。

上段階の霊《れい》のなかには、知的なことはそれほど得意ではなくても、心がものすごく澄《す》み切って、高い境涯《きょうがい》にいる方もいらっしゃるのです。そういうところにだって入りうるわけです。

また、女性であれば、知的なものでなくても、「母の思いというのがどこまで純化するか」ということによって、大きな仕事をすることがあります。

イエスの母親のマリアという方は、そんなに知識的に教えを説かれる方ではないように私は感じます。それでも、その優《すぐ》れた感性が、多くの人類の母と呼ばれるような境地にまで達しているのだろうと思います。

ですから、素朴《そぼく》で、美しくて、そして飾《かざ》らなくて、陽気な、そういう性格の人たちに育ててあげてください。天使がいっぱい生まれるのではないかと思います。

（注）

（注）現在、幸福の科学では、「本来、障害児の魂《たましい》は健全であり、使命を持って生まれてきた天使である」という仏法真理《ぶっぽうしんり》に基《もと》づき、障害児とその周囲の人々を励《はげ》まし勇気づける、障害児支援《しえん》のボランティア運動「ユー・アー・エンゼル！（あなたは天使！）運動」を行《おこな》っている。

3 障害者の使命と魂修行《たましいしゅぎょう》の意味について

Q3 私は、知的障害児の養護学校（現在・特別支援《しえん》学校）に勤務している教員です。体は中学生や高校生だけれども、足し算もできない、小学校の本も読めないという子供たちと一緒《いっしょ》に勉強しています。でも、その子たちは、きれいな花を見たり、おいしいものを食べたりすると、すごく感動して喜びます。「そういう素直《すなお》な子供たちは天使だ」と自分は思っています。この天使のような子供たちは、どういう使命を受けて、この世に出てきたのでしょうか。

一九九〇年 第三回大講演会「限りなく優《やさ》しくあれ」
一九九〇年四月二十二日 兵庫県・神戸《こうべ》ポートアイランドホールにて

障害者には「世の中の人々を教育する」という使命がある

はい、分かりました。二通りの使命があります。

第一の使命は、これはたいへん厳しい仕事だと思うのですけれども、こういうことです。

そうした知的障害のような方がいらっしゃらないと、世の中の人々は、「自分たちがいろいろなことを読み、書き、覚えられる」ということを当然のことだと思ってしまうんですね。

そういう人が一部、例外としていてくださることによって、「これは当然のことではないのだ」ということが分かるのです。「いろいろなことを勉強できるというのは、当然のことではない」ということが分かるのです。

ですから、いつも一部、そういう例外者として予定されている人たちがいます。

それは、知的障害だけではなくて、体でもそうです。体が不自由な方は、ごく一部のパーセンテージでいつの時代にもいらっしゃいます。

それは大変な仕事であり、その人にとってはたいへん厳しいと思うけれども、普通《ふつう》の体を持って生まれた他の人たちは、そういう人を見ることによって、「自分がこういう姿でいるということはありがたい」ということが分かるのです。

こういう「教育」の意味を持って、そういう厳しい仕事をなしておられる方が一部いらっしゃるということです。これが意味です。

不自由をした経験は、転生《てんしょう》の過程で「魂《たましい》の糧《かて》」となり「宝」となる

もう一つは、「個人の魂《たましい》の修行《しゅぎょう》のレベル」としても、たいへん厳しい修行であることは事実です。魂は不自由な環境《かんきょう》のなかに置かれて初めて、力強い、筋肉にも似た精神力を発揮することがあるのです。

ただ、そうした厳しい環境であっても、わずか数十年から百年であることは事実です。長い転生《てんしょう》のなかでのわずか数十年から百年であり、その経験は、必ず転生の過程で「魂の糧《かて》」になるのです。

そういう不自由をしたことについて、「ああ、大変だった」と思うわけですが、あの世に還《かえ》りますと、そういう経験をしたということが一つの「知識」になるのです。「霊的《れいてき》な知識」になり、これがその後、他の人たち、あるいは恵《めぐ》まれない人たちに対する「優しさ」になって表れてくるのです。

苦労されたことが、〝魂の武器〟として「優しさ」となって表れてきます。そういう素晴《すば》らしい「宝」が、これから先の将来に待っているのです。

ですから、どうか、子供たちが勇気を持ち、希望を捨てることなく、朗《ほが》らかに生きていけるように見守ってあげてください。

知的障害であっても、「愛」は分かります。「優しさ」は絶対に分かります。

それは人間でなくても分かります。愛されているかどうかは、動物でも分かるのです。虫でも分かるのです。「自分の敵」と思うものからは逃《に》げます。「かわいがってくれているもの」のところには寄ってきます。動物や虫でも分かるのです。ましてや人間の魂として生まれたなら、たとえ外面《がいめん》はどのように見えるとしても、いちばん大事なことは分かるのです。

ですから、惜《お》しみなく愛を注いであげてください。

4 障害児教育の意義について

Q4

私は知的障害児の養護学校（現在・特別支援《しえん》学校）に勤務しております。この世は神に創られた世界であり、完全であるはずなのに、精神障害や機能障害という、一見、不完全と見える障害があるのはなぜでしょうか。また、障害児教育の意義についてもお教えください。

一九九〇年　五月研修「『谷口雅春霊示集《たにぐちまさはるれいじしゅう》』講義」
一九九〇年五月三日　兵庫県・宝塚《たからづか》グランドホテルにて

三重苦のヘレン・ケラーのように、偉大《いだい》な使命を担《にな》う人もいる

まず、「なぜ障害児が出てくるのか」ということですけれども、主として二種

類の考えがあると思うのです。

一つには「カルマ」（注1）という考え方がありますが、これにはかなりのウエイトがあると考えられるのです。

「人間は本来、完全なのに」とおっしゃるけれども、それは「霊的存在としての完全性」なのです。

肉体を持って生まれてくるときには、その魂修行《たましいしゅぎょう》の目的に合わせて、例えば、「肉体の乗り舟《ぶね》」、あるいは「家族関係」や「生活環境《かんきょう》」、あるいは「生まれが都会か田舎《いなか》か」など、いろいろなことを選んで生まれてくることがあります。

ですから、肉体の乗り舟を用意する際にも、ある程度、そういう配慮《はいりょ》が働いていることもあるのです。わずか数十年から百年の人生ですけれども、そのような人たちにとっては、そうした魂修行が必要とされる場合があるのです。

例えば、ヘレン・ケラーは失明して三重苦になったけれども、あれはどうかと考えると、おそらく必然だったと思うのです。必然的にそういう障害を起こすことも、やはり可能なのです。ヘレン・ケラーには、あのような偉大《いだい》な使命を担《にな》う必要があったわけです。

しかし、実際に障害を受けて苦しんでいる最中《さいちゅう》は、彼女の守護霊《しゅごれい》たちも指導霊（注2）たちも、「たいへんかわいそうだな」と思って見ていたと思うのです。「大変だな。かわいそうだな。何とか普通《ふつう》にしてやりたいな」と思っていただろうけれども、「この人には、もっと大いなる使命があるのだ。もっともっと頑張《がんば》って、その使命を果たせるところまで行かなくてはいけない」と思うわけです。

それまでは、実際は、地上の人間よりも、霊的世界で見ている人たちのほうがよっぽどつらいのです。本来の立場に行けるまでは、応援している人たちのほうがつらいし、そういう計画をした人たちにもつらいものがあります。

そのように、もともと、ある程度予定を組んで出ていることが、かなりの確率であります。ヘレン・ケラーのように「積極的に貢献《こうけん》していく」という場合もあるのです。

障害を体験すると、「精神力」「胆力《たんりょく》」「慈悲心《じひしん》」等が強くなる

また、本人自身の問題として、「そういう肉体障害を持って魂修行をしたい」と思っている人がいるのです。これは必ずしも強制ではありません。本人が意志確認をして出てきています。

なぜかというと、そういう方は、たいていの場合、過去世《かこぜ》において「戦乱の時代」に生きたことがあるのです。「戦乱の時代」に生き、戦いをされたことがあるのです。そして、戦乱ですから、どういう事態が起きるか推定がつくと思いますけれども、多少、他の人の肉体生命に支障をきたすようなことをやったことがあるのです。

その際に、本人は霊界《れいかい》に還《かえ》ってから深くそれを反省しているのです。そして、「霊的な反省だけでは十分ではない」と自分では思っていて、「そうしたつらさを私自身も経験してみて、何とか今後の糧《かて》にしたい」というふうに申し出られるのです。

そうすると、霊界の人たちは、「そうか。でも、あなた大変だぞ。本当に大丈《だいじょう》夫《ぶ》か?」と言うけれども、「いいえ、このハンディのなかで生きて、魂を鍛《きた》えてみる。そして、過去に自分がやったことの反省も十分した上で、今度は、さらにプラスの人生を生きてみたい」と言って、こういうことを、ある程度決めて出てきているのです。

ところが、ハンディキャップを持って生きているうちに、本来の予定から外れて流されていく人がかなりいます。もともと、そういうことも決意してきたのだけれども、「周りを見たら、もっと恵《めぐ》まれている人がいっぱいいるのに、なぜこんな不自由な姿でいるのか」ということで、心がひずんでいくことがかなりあるように考えられるのです。

これは、「かなり難しい〝試験問題〟を選んで、解けなかった」ということでしょう。しかし、なかには、負けないで、それを見事に解く人もいるのです。

「そういうハンディキャップを負い、それで生きていく」ということだけでも大変なことなのです。このなかで、心を曲げずに、清らかに、明るく、朗《ほが》らかに、周りの人への感謝に満ちて生きられたら、これで〝合格〟なのです。一発で〝合格〟なので、その段階で霊界に還ったら、肉体に関するカルマが〝卒業〟になるのです。

これは、ある意味で〝応用問題〟ではあるけれども、「魂の進化速度」においては非常にチャンスなのです。急角度で上がっていくときなので、だからこそ落ちることもあるけれども、これを乗り切った場合には、ものすごく前進するのです。

それはなぜか。例えば、そういう体験をして霊界に還ったとしたら、どうなるでしょうか。まず「精神力」「胆力《たんりょく》」が違《ちが》います。それと、「本当に苦労している方、苦悩《くのう》している方、悲しんでいる方への慈悲心《じひしん》」というものが全然違ってくるのです。実体験した者の強さというか、「愛の心」「慈悲の心」というのが非常に強くなってくるのです。これがプラスになります。

彼らが霊界に還ったらどうなるかというと、きちんと〝卒業〟して還った場合には、今度は人類救済のほうにその仕事を向けてくるわけです。「苦しんでいる人たちを楽にしてあげたい。救ってあげたい」という仕事をし始めます。

これで、魂がさらに上の段階に上がってくるのです。単に肉体の苦しみからではなくて、今度は「人々を救いたい」というほうに入ってくるのです。

こういうことで、魂にとって非常にチャンスでもあるのです。

しかし、実態としては、やはり転落している人が多いのは事実です。心にひずみをつくってしまうからです。

「ハンディがあっても、強く、たくましく生きていくこと」を教える

ですから、支援学校の先生としては、どのようにして、その心のひずみをつくらず、明るく、感謝に満ちて生きるかを教えなくてはなりません。

そうした障害がある場合、これを「元に戻《もど》せ」と言っても戻らないのです。予定だから戻らないので、それで不平不満を言っても駄目《だめ》なのです。

その最悪の環境のなかで、いかに最善の生き方をするか。これを〝卒業〟したら、はっきり言ってしまえば、霊界に還ったら、本当にあなたよりいい所へ行くかもしれないのです。もっと難しい問題を解いているので、あなたより上に行く可能性が非常に強いのです。「君たち、ちゃんと還れたら私より上だよ」と言っ

てあげてもいいのですが、実際、そういうことなのです。

それだけの厳しいものなので、だから、励《はげ》ましてあげることが大事です。

もう一つ、一部、例外的には、アクシデント的に肉体条件で障害が出てくることが、やはりあることはあります。お母さんのお腹《なか》にいたとき、あるいは出産のときのアクシデントや、後天的な問題で出てくることがあります。

これは非常に気の毒な場合なのですが、この場合でも、今世《こんぜ》において、それを新しいカルマとしないためにも、明るく生きていくことをやはり教えてあげる必要があります。

不平不満の心を育てたら、どのようなハンディを持って出た人であっても、地《じ》獄《ごく》へ行く可能性はあるのです。そうではなく、「そのなかで、強く、たくましく生きていく」ということ自体で立派なことなのです。

障害児たちへの奉仕《ほうし》は「菩薩行《ぼさつぎょう》の手始め」でもある

それから、ある意味においては、もう一つの意味があるのです。そういうハンディを持った人たちは、「普通に生きている人たちに対して〝警告を与《あた》える〟という仕事」を持っているのです。

障害児が一定の割合でいることによって、普通に生きている人たちに対し、

「あなたがたは五体満足であることを当然だと思っているでしょう。しかし、そそれは普通のことではないのですよ。感謝するべきことなのですよ。イエス様の十字架《じゅうじか》ではないけれども、あなたがたに代わって私たちが苦しんでいるのですよ。あなたがたも、こういうことになる可能性があったのですよ」ということを教えているわけです。

ハンディを持った人たちは、そういうことを教えてくれている〝先生〟でもあ

るのです。

ですから、外見だけで判断しては大変なことで、あなたの教え子のなかに、光の天使になる人がいないとは限らないのです。そういう立場に立って、逆に周りの人を〝教育〟しているのです。

また、そういうところには、奉仕《ほうし》する人がいっぱい集まってくるでしょう。その奉仕する人たちは、実は、本当に教育されているのです。これは「菩薩行《ぼさつぎょう》の手始め」なのです。そういう仕事で障害児たちに奉仕するでしょう。これは「菩薩行の手始め」です。

だいたい、魂が進化してきて「菩薩になりたい」と思うような人は、そういう修行を必ずするのです。どこかで「人助けの修行」をさせられるので、そういう人たちのための「魂教育の場」も提供しているのです。

ですから、単に一律にそれを善悪で考えるべきではありません。「大いなる神の計らいがある」ということです。そういうことで、幸福の科学の理論を十分に活《い》かしていただきたいと思います。「本来、完全」というのは、そういうことであるのです。

厳しい環境《かんきょう》ほど、実は悟《さと》りのきっかけが近いところにある

なかには、あなたより先に亡《な》くなる方もいるでしょうけれども、「あなたが地上を去ったときに会いに行ったら、向こうには羽が生《は》えていて、あなたには生えていない」というようなこともあるかもしれません。「何をしているんですか。私は羽が生えて、こんなふうになっていますよ」と言われるかもしれないので、「同情だけしていればいい」と思ったらとんでもない誤りで、こちらが同情されないといけなくなる場合もあるのです。そういうことです。

ですから、この世で見たら、どういう人が自分より先に進んでいるかは、なか

なか分からないのです。

ハンディを持ってやっている人は、このなかにもいっぱいいるでしょう。病気の方、あるいは過去にいろいろつまずいた方がいて、「自分は遅《おく》れている」と思うかもしれないけれども、「遅れている」と思っている人が、実は先に進んでいることだってあるのです。

満足な環境《かんきょう》ではなかなか人は悟《さと》れないので、「厳しい環境ほど、実は〝悟りのきっかけ〞が近いところにある」ということです。

それがだいたいの基本の考えです。そういうつもりでやってください。

教える側も「修行《しゅぎょう》の場を与《あた》えられてありがたい」と感謝すること

あなたがたが、逆に教育されているのかもしれません。

そういう場を与《あた》えられているのです。彼らにも感謝を教える必要があるけれども、自分たちも、「こういう修行《しゅぎょう》の場を与えられてありがたい」と感謝をしなければいけません。菩薩行の勉強をさせられているわけです。

ありがたいことです。

教えられる側も教える側も、共に「あの世に還ったら、菩薩の世界に行きたいものだね」と誓《ちか》い合うことです。

それから、当然のことですけれども、この世を去った世界では、そうした障害は一切《いっさい》ありません。わずか数十年から百年ですから、それだけのことです。〝借り物競争〟〝障害物競争〟ですから、終わったら元に戻れるのです。みんな一緒《いっしょ》です。そういうことです。

特に、〝不足していた感覚〟のようなものは、あの世に還ると、もっと強くなってくるのです。

例えば、目の見えない人は視覚、霊的な目が、耳の人は耳が、ものすごく強くなるのです。そういう面があります。バネのように、〝つけ込《こ》んだだけ戻ってくる〟のです。ものすごく強くなってきます。

（注1）カルマ……仏教で言う「業《ごう》」のことで、過去世《かこぜ》の経験やこれまでの人生における思いと行いによってつくられた「魂《たましい》の傾向《けいこう》性」や「解決すべき人生課題」を指す。

（注2）指導霊《しどうれい》……地上に出た人間の最大関心事を専門に指導する霊のこと。

5　子供の障害と親のカルマの関係について

Q5

私の次男は、今、小学五年生なのですが、知的障害があり、かろうじてひらがなが書ける程度で、言葉は片言です。それが苦しくて、私は宗教に入って先祖供養《くよう》をしたり霊能者巡《れいのうしゃめぐ》りをしたりしてきましたが、次男はよくなりません。長男は普通《ふつう》なので、これは霊障《れいしょう》なのだろうかとも思うのですが、私自身は誰《だれ》かに強く恨《うら》まれているということはないと思います。夫とは見合い結婚《けっこん》で、夫は結婚以前のことは一切《いっさい》話さないので、そちらの過去のことは分からない状況《じょうきょう》です。

あるいは、これは、私自身や次男の過去世《かこぜ》のカルマなのでしょうか。

第二回主婦セミナー

一九八九年五月十七日　東京都・幸福の科学研修ホール（西荻窪《にしおぎくぼ》）にて

「生きている人の念波《ねんぱ》がそうとう来ている」というのが率直《そっちょく》な感想

子供が普通ではない状態の場合、原因は幾《いく》つかあります。

「生まれてくる前から、そういうカルマがある場合」や「親にカルマがある場合」ももちろんありますし、それ以外には、「今世《こんぜ》に原因があるもの」もあるのです。

結婚の前に「男女のカルマ」があって、恨まれたりするようなことがあると、そのあと違《ちが》う人と結婚して子供ができても、流産になったり、子供が知的障害になったりすることがよくあるのです。

これは、そうとう「念波《ねんぱ》」を受けているんですね。「復讐《ふくしゅう》の念波」のようなものを受けているのです。そういうものに、けっこう影響《えいきょう》を受けるのです。

特に、それはどこに出るかというと、例えば奥《おく》さんが強い女性の場合だと、その人のところへは念が行かないで、もっと弱い者のところへ行くことがあります。私は詳《くわ》しいことは知りませんし、夫婦《ふうふ》問題をつくったらいけないからめったなことは言えないのだけれども、何か、「生きている人の念波がそうとう来ている」というのが率直《そっちょく》な感想です。それが原因になっているように思います。

生きている人の念は、本当に、けっこう強いのです。ものすごく強いのです。強烈《きょうれつ》に恨んだり、強烈に「悔《くや》しい」と思ったりしたら、その人はそれで止まっているこどもあるけれども、「そのときに出した念が、相手にずっと付着する」ということは、けっこうあるのです。

霊的世界においては、時間は関係ないのです。本当にそういうことはあります。あなた以外でもそうです。他の方でも、どうしても結婚でうまくいかなくなったり、あるいは、子供にちょっと考えられないような障害がいろいろと出たりする場合があると思いますが、両親のどちらかが結婚前に異性の問題で恨まれるようなことがあったときに、そういう現象で出てくることがよくあるのです。

怖《こわ》いことですが、異性間のことは、たいてい子供に出るのです。

あなたのご主人が何か悪さをしたとか、別にそんなことを言っているわけではないのです。私は知らないから分からないのですが、少なくとも、「やはり、誰かの恨みを買っているな」というのが率直なところです。それが原因だろうと思います。

その「恨みの部分」が消えると、おそらく、その知的障害の部分の取り返しがついてくると思います。

家庭を「真理一家」にしていく努力を

あなたにできる努力としては、家庭を「真理一家」にしていくことです。これが、やはりいちばんです。そうすると、次第《しだい》しだいに光が満ちてくるので、悪い原因があったとしても、それが少しずつよくなっていくことはあるでしょう。

私の率直な感じとしては、言ってみれば「生霊《いきりょう》」です。「その念を受けている」という感じがものすごくします。

もしかしたら知的障害のままで行くかもしれないけれども、でも、それもまた、最後には受け入れなくては駄目《だめ》です。受け入れなくてはいけません。

それでも、また道はあるかもしれないのです。その子にも何かいいところはあるでしょう。いいところを見つけたら、それを伸《の》ばしてあげることです。必ず、どこかの面から光を強くすることです。

山下清《やましたきよし》画伯《がはく》のような人もいます。あのように、知的障害があっても天才画伯みたいな人もいるのです。

何かきっと特徴《とくちょう》があるので、そちらのほうを伸ばしていくうちに、その子の光が強くなっていく感じが出てくるのではないかと私は思います。

率直な感想はそういうことです。

傷つけた相手の「恨《うら》みの念」には、かなり強い力がある

みなさんは、まだ「念の怖さ」を知らないようですけれども、「念」にはものすごい力があるのです。

もう過去を忘れてしまって、自分が、ある人を傷つけたりして恨《うら》まれていても、忘れていることがあるのです。こちらは何の気なくというか、害するほうは意外にあっさりしているのですが、害されたほうはあっさりしていません。でも、害するほうは、ものすごくあっさりしているのです。

バーンと何かをやったときに、向こうはグワーッと傷ついているのだけれども、自分のほうは全然気にしていない、そういうことがあるのです。「相手を害していても、意外に気がつかない」ということは、たぶんあるだろうと思います。

ご主人だけを責めたら〝危ない〟から、あなたにも言っておきますが、あなたにだってあるかもしれないのです。自分は気がついていないけれども、人を害したことはあったかもしれません。

そういうことは、けっこうあるのです。

「念」というのはかなり強いのです。敵をつくったら、〝その念自体〟が独自の行動を取ります。本当に力があるのです。「本当に怖いものだな」というのが、この世界に入ってよく分かるようになりました。こんなに怖いとは思いませんでした。

それだけ念に力があるとなると、本当に、めったなことを思えないのです。

「光明《こうみょう》の思念」を出して「念返し」をしていく

また、そういう念を受けているとすれば、「逆発想」というのが一つあります。

あなたであれば、逆発想としては「光明《こうみょう》の思念を出していく」という方法があると思います。

家庭のなかに問題があり、それを抱《かか》えて自分がその波長《はちょう》と同通していたら、その念は来続けるわけですから、これと合わないようにするのがいちばんなのです。これを「念返し」といいますけれども、念返しをするには、「その念と合わない波長を出す」ことです。これがいちばん大きいのです。

私のところにも、念はずいぶん来ます。例えば、「協力したい」とか「会いたい」という感じの念で来る場合もあるし、〝逆念〟もあります。〝非常に怖い念〟が来ることもずいぶんあります。

そういうときには、やはり〝チャンネルを切り替《か》える〟のです。早く切り替えないと駄目ですから、全然違うチャンネルに切り替えて、「違う念」を出すことにしています。チャンネルが合わないようにすることです。絶対に合わないようにする。そのことを思わないようにして切り替えていく。これが大事なことです。あなたのところには、そうとう、そういうものが来ている感じを受けます。どこかの団体で言われたかもしれないし、もちろん家庭内のことも大事だけれども、やはり、「そのことを解決するために動く」というよりも、本当に、「優《やさ》しい人」「愛の人」になっていく、そういう努力が大事ではないかという感じがします。

私の判定は、そういうところです。

ご主人に言っても、「過去は語らない」と言われたらそれまでですから、あとは積極的にいくしかないではないですか。

エジソンだって小学校一年で中退したのです。あなたのお子さんも、発明家になるかもしれないし、何になるかは分からないので、どこかいいところを見て、長所を見たら、それをダーッと伸ばしてあげることです。それがいいと思います。

第5章

人生の問題集としての介護《かいご》と看護

1 認知症《しょう》の人との接し方

Q1

私は老人保健施設《しせつ》に勤めています。お年寄りの人たちが認知症《しょう》になられたりしているので、「愛の思いで語ってあげよう」とか、いろいろと考えるのですけれども、うまく伝わらないような気がしています。

なぜ認知症になってしまうのか、また、そういう人たちに対して、どのような思いで接してあげたらいいのかについてお教えいただければ幸いです。

一九九〇年　五月研修「『谷口雅春《たにぐちまさはる》の大復活』講義」

一九九〇年五月五日　兵庫県・宝塚《たからづか》グランドホテルにて

「外見にはどう現れていても、魂《たましい》は完全なのだ」と思って話をする

認知症にもいろいろありましょうけれども、主な原因はおそらく「器官としての肉体の衰退《すいたい》」です。特に脳系統のほうが、だいぶ傷《いた》んできていることが多いように思います。

ただ、そういう方でも、本当は魂的《たましいてき》にはちゃんとしているのです。ですから、あの世に行って、もし迷いの世界に入らなければ、しばらくすると、元の世界で元どおりに戻《もど》ることは言うまでもありません。

大事なことは、「外見にはどういうふうに現れていても、魂においては、この人は完全なのだ」ということを、しっかり心のなかで思うことです。その必要があります。

外見上どのように見えても、「何も分からないのだ」と思っていても、その外

見に騙《だま》されてはいけないのです。「この人の魂は完全なのだ。健全なのだ」と思わなければいけません。反応はきっちり出なくても、「自分の真心はちゃんと伝わっている」と思うことです。

ですから、完全な人を相手に、あなたが応対して話をしているように思えばいいのです。相手の反応を見て、いろいろと自分がやり方を変えたりするようでは、本当はまだ、愛の実践《じっせん》というか、尽《つ》くすことが十分できていないのです。

いつも、お話をさせていただくときに、「この人は完全な方《かた》なのだ。魂において本当に完全なのだ」と思って話をすることです。そうしたら、だんだんよくなるかもしれないし、もしそうならなくても、地上を去ったあとで、その思いが仕事をします。あなたの思いがその人に仕事をします。

魂のほうは分かっているのです。あなたの思いをちゃんと知っていて、「ああ、そうだ。私は完全な魂なのだ」ということを、相手の魂は聞いています。

地上を去ったあと、「自分はこうなんだ。分からないんだ」と思ったらそれまでですけれども、「いや、完全なのだ」と思えば元へ戻りますので、そういうかたちで接してください。

それは真実だと思いますので、あとの具体化はあなたにお任せいたします。

2　看護師として霊的《れいてき》な影響《えいきょう》に負けないためには

Q2　私は看護師をしていまして、希望を出して二年前から精神科の病棟《びょうとう》にいるのですが、夜間救急など、いろいろな状況《じょうきょう》の方がいらっしゃいます。私自身、仏法真理《ぶっぽうしんり》の勉強をしたり、幸福の科学の経文《きょうもん》を読んだりしているのですが、とにかく処置に追われて何もできない自分がいます。職場のなかでどのようにしていったらいいでしょうか。

第一回復習セミナー「『日蓮《にちれん》の霊言《れいげん》』講義」
一九八九年一月十八日　東京都・幸福の科学研修ホール（西荻窪《にしおぎくぼ》）にて

病院も霊的な影響を受けやすい場所の一つ

まず、「職場での心の持ち方、あるいは心構え」というようなことだと思いますけれども、看護師さんのような仕事をしていたら大変ですね。お医者さんも大変ですけれども、病気の方は、やはり霊的《れいてき》にいろいろと影響《えいきょう》を受けているのは事実です。

それと、病院ではずいぶん人が亡《な》くなっていますが、亡くなった人が、全員まっすぐあの世に還《かえ》っているとは思えません。やはり、だいぶ〝頑張《がんば》っている〟と推定されるわけです。

私も病院に行くのはそんなに好きではないのです。お墓《はか》よりはましかとは思いますが、霊的な磁場《じば》としては極《きわ》めて近いので、きついのです。

ですから、お医者さんや看護師さんで霊道《れいどう》を開いていると、かなりきついでしょう。そういう状況にあると、なかなか仕事はできないかもしれません。

特に、こういう真理を学んでいると、おそらく霊的なものを感じやすくなっているでしょうから、疲《つか》れやすくなったり、いろいろとあるのではないでしょうか。夜、足を引きずるように家に帰ってきているのではないですか。どうですか。体は重いでしょう。そして、ときどき畳《たたみ》の上を〝這《は》い回って〟いませんか。

あまり言うとプライバシーを侵害《しんがい》するので、ほどほどにさせていただきますが、やはり〝受ける〟んですね。

では、そういう悪霊《あくれい》などを全部、一気に成仏《じょうぶつ》させるだけの力が与《あた》えられるかといったら、それはやはり無理です。実際上、無理ですし、私でも病院にいたら、一日目は元気がいいかもしれないけれども、二日目、三日目、四日目になってくれば、それは参ってくると思います。たまらないのです。そこはそこなりに〝無限供給の世界〟ですから、〝悪霊の無限供給〟が始まるわけで、これはたまったものではないと思います。

患者《かんじゃ》さんの守護霊《しゅごれい》や医療《いりょう》系統の指導霊団《しどうれいだん》にお願いをする

そうしたなかで、『祈願文』（注1）を声に出して読んだりするわけにもいかないでしょうから、やはり、あなたが心のなかで思うことです。短いことで結構ですが、患者《かんじゃ》さんがいれば、その人の守護霊《しゅごれい》などにお願いしてみることです。「守護霊さん、何とか光を入れてください。よくしてあげてください」と思ってあげることです。

ボーッとしている守護霊もだいぶいますから、祈られるとビクッとして、「ああそうだ。仕事をしていなかったわ」と思う人もいるのです。なかにはそんな守護霊もいるのです。思ってあげるだけで、他人様《たにんさま》に思われてびっくりして、「そういえば職務怠慢《たいまん》だった」と思うような人もなかにはいます。

それと、たいていの病院には、やはり、誰《だれ》か医療《いりょう》系統の指導霊団《しどうれいだん》が来ています。たいていのところには、そこのお医者さんか誰かに関係のある方が来ていて頑張っているのです。頑張っても駄目《だめ》なことも多いのですが、ときどきうまくいったりするなど、いろいろとしているのです。

ですから、そういうふうにあなたが思うことによって反応してきます。本人の守護霊が駄目でも、そうした病院の医療系団といったものが反応してきて、手伝いに来ます。

お医者さんをやっていた人があの世へ還ると、あの世で生活している人もいますが、あの世で勉強して菩薩《ぼさつ》になったような方でも、そうとう地上に降りてきて、いろいろなところで手助けをしているのです。ずいぶんやっています。

天皇陛下《へいか》（昭和天皇）が亡くなられたときも、見ていたら、やはり多少やっていました。医療系の指導霊団が手伝いに行っているのです。「みんなが一生懸命《いっしょうけんめい》に祈っているから、ちょっと（時期を）延ばさないわけにはいかないだろう」と会議してやっているのです。一生懸命、行って、「正月が終わったので、そろそろいいころじゃないか」とか、「今、年が変わるのにちょうどいいころじゃないか。正月に亡くなったら、やはり商売に差し支《つか》えるし、いろいろな人が商売ができないだろうから、明けたあたりがいいんじゃないか」などと協議してやっていました。

そのように、延ばしたりするんですね。霊界《れいかい》の医者たちもだいぶ行って、ある程度まで頑張るのです。そういうこともあります。

あなたとしては、病院で『祈願文』を読んだり、『正心法語《しょうしんほうご》』（注２）を読んだり、法話《ほうわ》（ＣＤ）をかけまくったりすることは、なかなかできないでしょうから、少なくとも心のなかで接することです。短い時間、三秒や四秒の時間でもいいので、「どうかこの人の守護霊よ、ちゃんと光を入れてください」などと思うことです。

あるいは、大きくはイエス様から始まって、エドガー・ケイシーやナイチンゲールなど、医療系団の方もいますので、そういう名前を呼ぶというのは一つのキーワードになります。直接通じなくても、関係のある魂《たましい》が必ず反応をしてくるのです。

そういうことですから、心のなかで思ってあげてください。それだけでもずいぶん違《ちが》うと思います。

あなた自身の疲れを治すためには、やはり、自分自身にちょっと光を入れたほうがいいかもしれないですね。ご自分の守護霊で結構ですから、夜寝《ね》るときに、守護霊に頼《たの》んで光を入れることです。

自分の光で患者を治そうとか、そういうことはあまり思わないほうがいいでしょう。やはり、それは無理ですから、そこまでの力は普通《ふつう》はないのです。そういうところです。

（注１）祈願文《きがんもん》……幸福の科学の三帰誓願者《さんきせいがんしゃ》に授与《じゅよ》される経文《きょうもん》。『祈願文』の一部は、入会者に授与される『入会版「正心法語《しょうしんほうご》」』にも収められている。

（注２）正心法語……幸福の科学の三帰誓願者に授与される根本経典《こんぽんきょうてん》『仏説《ぶっせつ》・正心法語』。仏陀《ぶっだ》意識から降ろされた言魂《ことだま》で綴《つづ》られており、読誦《どくじゅ》することで天上界《てんじょうかい》とつながる。大川隆法総裁が経文を読誦しているＣＤも頒布《はんぷ》されている。『仏説・正心法語』のなかに収められている経文「真理の言葉『正心法語』」は、入会者に授与される『入会版「正心法語」』にも収められている。

3 重病の人を看病する心構え

Q3

重病人を看病している側の「常勝思考《じょうしょうしこう》」として、「治る」ということを常に思い続ける方法について教えていただければと思います。

ウィークデーセミナーA「常勝思考」⑷「常勝思考のパワー」
一九八九年七月二十日　東京都・社会文化会館にて

悪霊《あくれい》の作用を受けると人格が変わり、否定的・悲観的になる

看病する側ですね。分かりました。

それは、その人の、例えば「霊的《れいてき》な状況《じょうきょう》」にもよる部分があると思うのです。

重病人を看護する場合、〝鈍感《どんかん》な人〟は幸いです。鈍感な人、影響《えいきょう》を受けない

タイプの人は幸いです。そういう人は本当に、単純に「奉仕《ほうし》の毎日」を送られたらいいと思います。何も感じない人は、それを「奉仕の生活」と思ってやったらいいでしょう。

困るのは〝敏感《びんかん》な方〟です。特に、〝霊的に敏感な方〟は困るのです。ものすごく影響を受けます。

重病人の場合、たいていは「霊作用」があります。だいたい〝悪霊《あくれい》の一匹《ぴき》や二匹〟はみな持っていますから、これが来ますと、やはり、その当人も変わるし、看病する自分も影響を受けるのです。病気のときには、そういうものが必ず寄ってきます。

そして、不思議なのですが、自分がしゃべっているのではないのだけれども、いろいろなことを〝言わされる〟のです。

病人特有の愚痴《ぐち》とか不満とかがあるでしょう。悪霊がパッと入ってくると、急に世界が変わるのです。灰色になってしまうのです。灰色になって、すべてが不満になるのです。不平不満が出てくるのです。いろいろなことが気になります。嫌《いや》になるのです。先ほどまでいい気分でいたと思う人が、急にいろいろなことについて文句《もんく》を言い始めます。そういうふうになるのです。

ですから、そのときの考え方として、やはり、その人が悪いというより、「何かこれは悪霊の作用もあるな」ということを思っていただきたいのです。入ると本当に人格が変わってくるのです。否定的なことばかり言います。悲観的なことばかり言います。

それは、そういう重病人だけではないのです。あなたでもそうだし、私でもそうです。悪霊などを入れてしまったら、急に何か悲観的になってくるのです。講演会の会場をパッと見て、「ああ、後ろに空席がある。ああ、人生はつらい」などと思うこともあるかもしれません。

悪霊などが入ると否定的な見方をするのです。「ああ、何人か空《あ》きがある。これは人気が減ってきたのだ。当会はもうすぐ潰《つぶ》れるに違《ちが》いない。収入もなくなる」などと、くよくよと考え始めるかもしれません（笑）。悪霊の作用があると、もう、一発です。

ですから、「愚痴や不平や不満がいけない」とか「悲しみの心がいけない」とか言っていますが、もちろん、そういう心を主体的に出すこともできるけれども、悪霊の作用があると一発なのです。

夫婦喧嘩《ふうふげんか》になったらブレーキをかけ、「言葉の調律」を

夫婦喧嘩《ふうふげんか》などをしている方もいらっしゃるでしょうけれども、よくスポッと悪霊が入っているのです。

入ると急に、奥《おく》さんのことが嫌《いや》になります。あるいは、旦那《だんな》さんのことが嫌《きら》い

になります。悪口を言いたくなったりするのです。自分は「本心はそうではない」と思っているのに、何だか言ってしまうんですね。そうすると相手もワーッと来て、家庭のなかが完全に不和になってくるのです。

ですから、そういうふうになって、口をついていろいろなことが出ていても、「自分の本心はこんなではないのに、なぜこんな暗いことを言うのだろうか。なぜこんなに否定的なことを言うのだろうか。なぜこんなに相手を傷つけるようなことを言うのだろうか。不思議だな」と思ったら、そこでみなさん、ブレーキをかけてください。幸福の科学で学んだ人であるなら、ブレーキをかけてほしいのです。「来ているかもしれない。これは来ているかもしれない」と、やはり思ってください。

「来ているかもしれない」と思ったら、それにそのましゃべられたら悔《くや》しいでしょう。「なんだ、夫婦の仲が悪いのではなくて、悪霊が愚痴を言っているのか」と思うと、そのままやられたのでは、やはりこれは悔しいでしょう。「こんなことで家庭崩壊《ほうかい》して離婚《りこん》」などということは、けっこういっぱいあるのですが、〝バカみたいな話〟です。「スポッと入られてワアワアとやって、何か知らないけれども腹が立って、気に食わなくなって、いつの間にか離婚していた」などということはいくらでもあります。自分では分からないうちにそうなることがあります。相手に、もう腹が立ってくるんですね。

ですから、否定的なことがいっぱい出てき始めたら、ブレーキをかけてください。「ちょっと待てよ、危ないな。自分に入っているか相手に入っているか、両方に入っているか、どちらかだ」と、やはり考えてください。

そういうときには、まず「言葉の調律」から入ります。言葉の調律から入って、そして、「光の天使たちはどういう思いでいるのか」「光の言葉」「調和の言葉」、こういうことを思い浮《う》かべて努力することです。仏法真理《ぶっぽうしんり》の書籍《しょせき》を読んだり、C

Dを聴《き》いたりして、また気分転換《てんかん》して、思い直す訓練をしてください。

「反省」というのは難しいけれども、ブレーキを踏《ふ》む訓練をしてほしいのです。「危ない」と思ったときには、ブレーキを踏んでグッと我慢《がまん》する。グーッと我慢していったん引き返すことです。

悪霊を出すためには、「相手が明るくなる方法」を考えること

重病人の方も、たいていの場合、悪霊を持っていますから、やり取りをして話を聞いているうちに悪霊の波動《はどう》を受けます。

ただ、それをまともに「その人の人格だ」と思ってはいけない、「悪口」を思ってはいけない、「悪い」と思ってはいけないのです。「ああ、今、そういうふうになっているな。結局、これが出ていけば楽になるんだな。出すためにはどうしたらいいか」と思うことです。

出すための方法は幾《いく》つかあります。『悪霊から身を守る法』（宗教法人幸福の科学刊）という小冊子もありますけれども、出すには幾つか方法があるのです。原則、その人の体から光が出たら離《はな》れていきますので、その病人の心が明るくなるようなことを、やはり考えるべきなのです。

何を言われても、自分はもちろん気にしないで流します。心に留《と》めてはいけない、深く考えてはいけないのです。そして、「相手が明るくなる方法」を考えます。とりあえず、「まず笑わせること」を考える、「どうしたら笑顔になるか、喜ぶか、笑うか」、これをまず考えて、にこやかな時間をつくってあげるように努力することです。

「ありがとう」と言い始めたら、悪霊が抜《ぬ》け始めた証拠《しょうこ》

そのときの「常勝思考」とは、相手を〝実験台〟として使わせていただくとい

うことです。〝正法実践《しょうぼうじっせん》の実験台〟として使わせていただくのです。どうすれば悪霊体質が切り替《か》わるかを、まざまざと見るわけです。いろいろと勉強したことを使って、接していくことです。

〝悪霊が抜《ぬ》ける〟とどうなるかといいますと、「感謝」をします。「感謝の心」が出てきます。「ありがとう」と言います。「ありがとう」と言い始めたら、だいたい抜け始めた証拠《しょうこ》です。入っていると言えません。愚痴や不平不満ばかり言います。

ですから、相手が「ありがとう、本当によくしてくれてうれしい」というようなことを素直《すなお》に言い始めたら、だいたい取れた証拠ですから、これを自分で実地検分することです。これが大事です。

あなたは〝敏感な方〟でしょうから、敏感な方の場合はそうしてください。鈍感だったら気にしないで、具体的行動で奉仕すればいいでしょう。それだけでいいのです。

あとがき

病気の七割程度は霊的原因と関係がある。

そのため、健康な生活を送るためには、私の一般的な書物も勉強材料として下さることを望んでいる。

とにかく明るく、積極的、建設的な生き方を心がけることだ。

愚痴《ぐち》や不平不満ばかり言っていることは、道徳的に悪いだけでなく、悪霊をも引き寄せてしまう。

自分を取り囲む環境も不十分なことが多かろう。しかし、それをも前提にして、どう乗り越えていくかが、人生の本当の意味なのだ。
一日一生。毎日毎日を大切に生き、夜眠る前に、少しは自分自身をほめてやりたい心境を目指したいものだ。

二〇二一年　二月二十五日

幸福《こうふく》の科学《かがく》グループ創始者兼総裁《そうししゃけんそうさい》　大川隆法《おおかわりゅうほう》

『エル・カンターレ 人生の疑問・悩みに答える　病気・健康問題へのヒント』関連書籍

『太陽の法』（大川隆法 著　幸福の科学出版刊）
『黄金の法』（同右）
『永遠の法』（同右）
『人生の王道を語る』（同右）
『真説・八正道』（同右）
『幸福の科学の十大原理（上・下巻）』（同右）
『愛の原点』（同右）
『悟りの極致とは何か』（同右）

※左記は書店では取り扱っておりません。最寄りの精舎・支部・拠点までお問い合わせください。

『大川隆法霊言全集 第22巻 栄西の霊言／白隠の霊言／良寛の霊言』
（大川隆法 著 宗教法人幸福の科学刊）
『大川隆法霊言全集 第50巻 ニュートンの霊言』（同右）
『悪霊から身を守る法』（同右）

エル・カンターレ 人生《じんせい》の疑問《ぎもん》・悩《なや》みに答《こた》える
病気《びょうき》・健康問題《けんこうもんだい》へのヒント

2021年3月11日　初版第1刷
2023年9月28日　第4刷

著　者　大《おお》川《かわ》隆《りゅう》法《ほう》

発行所　幸福の科学出版株式会社

〒107-0052 東京都港区赤坂2丁目10番8号
TEL(03)5573-7700
https://www.irhpress.co.jp/

印刷・製本　株式会社 堀内印刷所

落丁・乱丁本はおとりかえいたします

ISBN978-4-8233-0254-1 C0030

大川隆法ベストセラーズ・病気からの回復のために

病の時に読む言葉

病の時、人生の苦しみの時に気づく、小さな幸福、大きな愛——。生かされている今に感謝が溢れ出す、100のヒーリング・メッセージ。

1,540円

奇跡のガン克服法

著者「健康セミナー」CD付

未知なる治癒力のめざめ

なぜ、病気治癒の奇跡が起こるのか。その秘密を惜しみなく大公開！ 質問者の病気が治った奇跡のリーディング内容も収録。

1,980円

病を乗り切るミラクルパワー

常識を超えた「信仰心で治る力」

糖質制限、菜食主義、水分摂取——、その“常識”に注意。病気の霊的原因と対処法など、超・常識の健康法を公開！ 認知症、統合失調症等のＱＡも所収。

1,650円

心の指針 Selection 2

病よ治れ

人はなぜ病気になるのか？ 心と体のスピリチュアルな関係や、病気が治る法則を易しい言葉で解き明かす。あなたの人生に奇跡と新しい希望を与える12章。

1,100円

※表示価格は税込10%です。

大川隆法ベストセラーズ・心と体の健康のために

心と体のほんとうの関係。

スピリチュアル健康生活

心臓病、パニック障害、リウマチ、過食症、拒食症、性同一性障害、エイズ、白血病、金縛りなど、霊的な目から見た驚きの真実が明かされる。

1,650 円

超・絶対健康法

奇跡のヒーリングパワー

「長寿と健康」の秘訣、「心の力」と病気の関係、免疫力を強くする信仰心など、病気が治る神秘のメカニズムが明かされた待望の書。

1,650 円

ザ・ヒーリングパワー

病気はこうして治る

ガン、心臓病、精神疾患、アトピー……。スピリチュアルな視点から「心と病気の関係」を解明し、完全無欠な自己像を描く瞑想法も紹介。あなたに奇跡を起こす一冊!

1,650 円

病気カルマ・リーディング

難病解明編

「胃ガン」「心と体の性の不一致」「謎の視力低下」「血液のガン」の元にあった「心のクセ」や「過去世の体験」を解明! 健康へのヒントが満載。

1,650 円

幸福の科学出版

大川隆法ベストセラーズ・幸福に生きるヒントをあなたに

初期
質疑応答
シリーズ
第1～7弾！

【各 1,760 円】

「エル・カンターレ 人生の疑問・悩みに答える」シリーズ

幸福の科学の初期の講演会やセミナー、研修会等での質疑応答を書籍化。一人ひとりを救済する人生論や心の教えを、人生問題のテーマ別に取りまとめたＱＡシリーズ。

1 人生をどう生きるか
2 幸せな家庭をつくるために
4 人間力を高める心の磨き方
5 発展・繁栄を実現する指針
6 霊現象・霊障への対処法
7 地球・宇宙・霊界の真実

1

2

4

5

6

7

※表示価格は税込10％です。

幸福の科学グループのご案内

宗教、教育、政治、出版などの活動を通じて、地球的ユートピアの実現を目指しています。

幸福の科学

一九八六年に立宗。信仰の対象は、地球系霊団の最高大霊、主エル・カンターレ。世界百六十九カ国以上の国々に信者を持ち、全人類救済という尊い使命のもと、信者は、「愛」と「悟り」と「ユートピア建設」の教えの実践、伝道に励んでいます。

（二〇二三年九月現在）

愛

幸福の科学の「愛」とは、与える愛です。これは、仏教の慈悲《じひ》や布施《ふせ》の精神と同じことです。信者は、仏法真理をお伝えすることを通して、多くの方に幸福な人生を送っていただくための活動に励んでいます。

悟り

「悟り」とは、自らが仏の子であることを知るということです。教学《きょうがく》や精神統一によって心を磨き、智慧《ちえ》を得て悩みを解決すると共に、天使・菩薩《ぼさつ》の境地を目指し、より多くの人を救える力を身につけていきます。

ユートピア建設

私たち人間は、地上に理想世界を建設するという尊い使命を持って生まれてきています。社会の悪を押しとどめ、善を推し進めるために、信者はさまざまな活動に積極的に参加しています。

海外支援・災害支援

幸福の科学のネットワークを駆使し、世界中で被災地復興や教育の支援をしています。

毎年２万人以上の方の自殺を減らすため、全国各地でキャンペーンを展開しています。

公式サイト **withyou-hs.net**

自殺防止相談窓口

受付時間　火～土:10～18時（祝日を含む）

TEL **03-5573-7707**　メール **withyou-hs@happy-science.org**

視覚障害や聴覚障害、肢体不自由の方々と点訳・音訳・要約筆記・字幕作成・手話通訳等の各種ボランティアが手を携えて、真理の学習や集い、ボランティア養成等、様々な活動を行っています。

公式サイト **helen-hs.net**

入会のご案内

幸福の科学では、主エル・カンターレ 大川隆法総裁が説く仏法真《ぶっぽうしん》理《り》をもとに、「どうすれば幸福になれるのか、また、他の人を幸福にできるのか」を学び、実践しています。

入会　仏法真理を学んでみたい方へ

主エル・カンターレを信じ、その教えを学ぼうとする方なら、どなたでも入会できます。入会された方には、『入会版「正心法語《しょうしんほうご》」』が授与されます。

入会ご希望の方はネットからも入会申し込みができます。

happy-science.jp/joinus

三帰《さんき》誓願《せいがん》　信仰をさらに深めたい方へ

仏弟子としてさらに信仰を深めたい方は、仏《ぶっ》・法《ぽう》・僧《そう》の三宝《さんぼう》への帰依を誓う「三帰誓願式」を受けることができます。三帰誓願者には、『仏説・正心法語』『祈願文《きがんもん》①』『祈願文②』『エル・カンターレへの祈り』が授与されます。

幸福の科学 サービスセンター
TEL 03-5793-1727（受付時間／火～金：10～20時　土・日祝：10～18時（月曜を除く））

幸福の科学 公式サイト
happy-science.jp

仏法真理塾「サクセスNo.1」

全国に本校・拠点・支部校を展開する、幸福の科学による信仰教育の機関です。小学生・中学生・高校生を対象に、信仰教育・徳育にウエイトを置きつつ、将来、社会人として活躍するための学力養成にも力を注いでいます。

TEL 03-5750-0751（東京本校）

エンゼルプランV

東京本校を中心に、全国に支部教室を展開。信仰をもとに幼児の心を豊かに育む情操教育を行い、子どもの個性を伸ばして天使に育てます。

TEL 03-5750-0757（東京本校）

エンゼル精舎

乳幼児が対象の、託児型の宗教教育施設。エル・カンターレ信仰をもとに、「皆、光の子だと信じられる子」を育みます。
（※参拝施設ではありません）

不登校児支援スクール「ネバー・マインド」

TEL 03-5750-1741

心の面からのアプローチを重視して、不登校の子供たちを支援しています。

ユー・アー・エンゼル！（あなたは天使！）運動

障害児の不安や悩みに取り組み、ご両親を励まし、勇気づける、障害児支援のボランティア運動を展開しています。

一般社団法人 ユー・アー・エンゼル
TEL 03-6426-7797

NPO活動支援

学校からのいじめ追放を目指し、さまざまな社会提言をしています。また、各地でのシンポジウムや学校への啓発ポスター掲示等に取り組む一般財団法人「いじめから子供を守ろうネットワーク」を支援しています。

公式サイト mamoro.org　ブログ blog.mamoro.org
相談窓口 TEL.03-5544-8989

百歳まで生きる会～いくつになっても生涯現役～

「百歳まで生きる会」は、生涯現役人生を掲げ、友達づくり、生きがいづくりを通じ、一人ひとりの幸福と、世界のユートピア化のために、全国各地で友達の輪を広げ、地域や社会に幸福を広げていく活動を続けているシニア層（55歳以上）の集まりです。

【サービスセンター】TEL 03-5793-1727

シニア・プラン21

「百歳まで生きる会」の研修部門として、心を見つめ、新しき人生の再出発、社会貢献を目指し、セミナー等を開催しています。

【サービスセンター】TEL 03-5793-1727

幸福実現党

内憂外患《ないゆうがいかん》の国難に立ち向かうべく、2009年5月に幸福実現党を立党しました。創立者である大川隆法党総裁の精神的指導のもと、宗教だけでは解決できない問題に取り組み、幸福を具体化するための力になっています。

幸福実現党 党員募集中

あなたも幸福を実現する政治に参画しませんか。

＊申込書は、下記、幸福実現党公式サイトでダウンロードできます。
住所：〒107-0052
東京都港区赤坂2-10-8 6階 幸福実現党本部

TEL 03-6441-0754 FAX 03-6441-0764
公式サイト hr-party.jp

HS政経塾

大川隆法総裁によって創設された、「未来の日本を背負う、政界・財界で活躍するエリート養成のための社会人教育機関」です。既成の学問を超えた仏法真理を学ぶ「人生の大学院」として、理想国家建設に貢献する人材を輩出するために、2010年に開塾しました。現在、多数の市議会議員が全国各地で活躍しています。

TEL 03-6277-6029
公式サイト hs-seikei.happy-science.jp

出版 メディア 芸能文化 幸福の科学グループ

幸福の科学出版

大川隆法総裁の仏法真理の書を中心に、ビジネス、自己啓発、小説など、さまざまなジャンルの書籍・雑誌を出版しています。他にも、映画事業、文学・学術発展のための振興事業、テレビ・ラジオ番組の提供など、幸福の科学文化を広げる事業を行っています。

アー・ユー・ハッピー？
are-you-happy.com

ザ・リバティ
the-liberty.com

幸福の科学出版
TEL **03-5573-7700**
公式サイト **irhpress.co.jp**

THE FACT

YouTubeにて
随時好評
配信中！

ザ・ファクト
マスコミが報道しない
「事実」を世界に伝える
ネット・オピニオン番組

ザ・ファクト 検索

NEW STAR PRODUCTION

ニュースター・プロダクション

「新時代の美」を創造する芸能プロダクションです。多くの方々に良き感化を与えられるような魅力あふれるタレントを世に送り出すべく、日々、活動しています。 公式サイト **newstarpro.co.jp**

ARI Production

ARI《アリ》 Production《プロダクション》

タレント一人ひとりの個性や魅力を引き出し、「新時代を創造するエンターテインメント」をコンセプトに、世の中に精神的価値のある作品を提供していく芸能プロダクションです。 公式サイト **aripro.co.jp**

大川隆法　講演会のご案内

大川隆法総裁の講演会が全国各地で開催されています。講演のなかでは、毎回、「世界教師」としての立場から、幸福な人生を生きるための心の教えをはじめ、世界各地で起きている宗教対立、紛争、国際政治や経済といった時事問題に対する指針など、日本と世界がさらなる繁栄の未来を実現するための道筋が示されています。

2022 年 7 月 7 日　さいたまスーパーアリーナ
「甘い人生観の打破」

2019年7月5日 福岡国際センター
「人生に自信を持て」

2019年10月6日 ザ ウェスティン ハーバーキャッスル トロント(カナダ)
「The Reason We Are Here」

2011 年3月6 日 カラチャクラ広場(インド)
「The Real Buddha and New Hope」

2019年3月3日 グランド ハイアット 台北(台湾)
「愛は憎しみを超えて」

講演会には、どなたでもご参加いただけます。
最新の講演会の開催情報はこちらへ。 ⟹ 大川隆法総裁公式サイト
https://ryuho-okawa.org